野花·繁星——经典英文诗古诗词翻译第一辑
Wild Flowers and Bright Stars

野花·繁星

经典英文诗古诗词翻译
第一辑

Wild Flowers and Bright Stars
English Poems in Traditional Chinese Poetic Forms [I]

唐伟滨

Acer Books

野花·繁星——经典英文诗古诗词翻译第一辑（红枫丛书之三）
译者：唐伟滨
编审：陶志健
出版：Acer Books

书号：978-1-7381938-2-0

红枫丛书
策划：黎杨
设计：陶志健

Wild Flowers and Bright Stars
Author: Tang Weibin
Editor: Tao Zhijian
Publisher: Acer Books

ISBN: 978-1-7381938-2-0

Copyright © 2024 Tang Weibin

All rights reserved. No part of this book, except contents in the public domain, may be reproduced or used in any manner without the prior written permission of the copyright owner, except for the use of brief quotations in critical articles and book reviews.
E-mail: acerbookscanada@gmail.com

目 录

目 录 1
缘起（代序）... 3
    致谢 9
野花·繁星 1
    Cuckoo Song 2
    春夏至闻杜鹃之歌而咏之（五绝）............................ 3
    春夏（诗经体）... 3
    杜鹃之歌（现代诗）.. 4
    General Prologue to The Canterbury Tales 6
    《坎特伯雷故事》总序诗 8
    Western Wind 10
    花非花 ——西风 10
    As You Came from the Holy Land Of Walsingham 14
    绕佛阁 ——圣爱 16
    你从圣地沃尔辛汉而来（现代诗体）....................... 16
    Life 22
    人生（七律）... 22
    人生（现代诗）... 23
    The Lie 30
    谎（古风）.. 33
    谎（现代诗）... 34
    One Day I Wrote Her Name upon the Strand 40
    汝名（七排律）... 41
    一天，我将她的名字写在海滩上（现代诗）............ 41
    The wife of Usher`s Well 45
    酒保之妻 47
    Shall I compare thee to a summer's day? 52
    夏州 53
    On His Blindness 56

寄失明者 （七排律） 57
Since There's No Help, Come Let Us Kiss and Part 61
爱之诀别 62
Tichborne's Elegy 65
青春挽歌 （七律） 66
青春挽歌 （现代诗） 66
Spring 70
眼儿媚 ——春 71
春 71
They Flee from Me 74
声声慢 75
With How Sad Steps, O Moon, Thou Climb'st the Skies!77
悲月 （七律） 78
迈着多么悲伤的步子，啊！月亮终升到了空中 78
To Mistress Margaret Hussey 81
惜奴娇 ——致玛姬 82
His Golden Locks Time Hath to Silver Turned 86
别女王陛下有赋 87
他的金丝已经转为银发 87
Death, Be Not Proud 90
上书阎王莫骄赋 （七排律） 91
The Lover Complaineth the Unkindness Of his Love 94
绮察怨 ——怨情终 96
That Time of Year Thou Mayst in Me Behold 98
《水调歌头》 ——惟又此时节 99
Let Me Not to the Marriage of True Minds 103
情久长 103

附　录 107
　　Lycidas 107
　　利西达斯（上半部）（五排律）........................... 111

缘起（代序）

让经典转为古典
让古典成为经典

带您用中文古典诗词去领略和探索经典英文诗的世界和美。

余有一怪癖，爱淘陈年旧货，凡物皆好，尤其书籍与唱片。两三年前，热衷跑拍卖会，曾淘回几箱英、法文书和黑纹唱片，均按箱算，一两加元一箱，乐得合不拢嘴。到宜家购两大书柜，加上原有两个，才全置之。可惜，书与别物无二致，拥有，惟不珍惜，只藏不读，因终日为生活奔波，书柜绝少碰。但犹记当初买回整理，偶见一本精致英文诗集，一瞥之下，颇为欣喜，如获至宝，然，也乱塞蒙尘。

最近，却无端念起，想找来翻翻。但想归想，还是一直没空翻找。前个周日，昼忙毕，傍晚，与大儿装一新床，需要东西将板垫高，用何物为好？书！乃呼他觅来，他即搬来几本大部头厚书，丢置地上……本疲惫无神的我，机械地一本一本捡来垫高，突然心一惊，眼一亮，一阵狂喜，这一本，此非吾暗中思念之英文诗集乎？！虽假装深沉如高仓健，亦喜不自胜大喊道："此乃吾觅之久矣之英诗诗集！"大儿见我失态状，却耸耸肩，不解而问："So……what?!"

然！他岂能体会吾心如江海翻腾之情？也亦然，夫又如何？唯继续装床耳。却苦了诗集与诸书，担起非其份内之责——垫床。

完毕，忽觉羞愧且心痛。高雅之躯，却负起了卑贱之役！急捧起，细抚之，幸完好无损，稍安心。亦乎彼时彼刻，一奇念忽至：何不将此英文诗集译来？非循字面简单而译，而是进行二度创作，以古体诗词之体，岂不快哉！恰也凭此时机，好自研习，看看这《最经典500首英文诗》，到底如何经典，经典在何处也哉？！古体律诗和词是我的灵魂附属之物，与东方古人对话之余，不妨也开始与西方古人对对话。

由是，缘起。

The Top 500 Poems 一书的编者，乃是美国的威廉·哈门先生（William Harmon），1938年出生，北卡洛琳娜大学人文科学教授，也是一位诗人，出版过五本诗集，也是一名编辑，编了五本文学、诗集的书（包括此诗集），还是一个批评家，有两本文学批评著作。

这本《最经典英文诗500首》于1992年出版，是哈门献给他当时3岁女儿的礼物，真是一位既温情又有品味的老爸！他的女儿卡罗琳算来到现在也有三十岁的年纪，伴着诗歌成长的她，不知有没有像她爸爸一样，也为生活和人生的感触而写下过几行诗？

我一生写诗和翻译，也是想送给我那两个不爱学中文的"臭小子"。希望有一天，他们终能体会和理解我的一番苦心，能原谅我曾算是严厉的push，希望他们在体会过生活的五味杂陈和浮浮沉沉之后，也能用中文、英文或法文……无论任何一种语言，无论赞美或鞭挞，写下几行他们对人生的感悟，用诗的语言来表达对生活的敬畏和爱，而不是到这人间混沌地活了一场。

缘起（代序）

哈门先生编的这本书，无论是从版面设计，还是字体纸质，再到诗的挑选，我都无比喜欢，厚厚一本捧在手上，再多的烦恼和痛苦，也会瞬间烟消云散，心中顿生喜悦和宁静。他在序言中的标题是：This is It! (非它莫属！)，是的，最经典就是最经典的——感谢威廉·哈门先生。

除英文诗有经典之外，其他语言的诗亦有经典。中文经典诗词，尤其是唐诗宋词，更是灿若星河！选出500首来是轻而易举之事，梦想有一天，若可将世界最经典的诗做个多语言的合集，才是功德圆满之时。

既决定开专栏，就得取一个名字。胡思乱想，左思右想后，遂定为"白石滨翁诗话"（本人自号）。原想用"新沧浪诗话"，细想之下，一自己水平没有严羽高深，二我的诗话不是理论，而是诗的翻译与鉴赏，也可说是痴人说梦的胡话，只能作罢。

另外，因喜欢金庸先生作品，也因是东西方文化交流，所以想到借用"东邪西毒，南帝北丐中神通"这五大绝世武功者之代号，"东邪西毒"乃取"东写西读"之意，用东方文字邪写西方的作品，老毒（读）物；"南帝北丐"取"南地北芥"之意，南方的土地可以生长北方的植物；"中神通"乃取中文原来可以很神通广大之意。图案用"梅兰竹菊"四君子，代表春夏秋冬四季。

最后，最应该感谢的是读者您，在尘嚣凡世的喧嚷之余，在茶余饭后之际，肯与我一起品读一首诗，一阕词，让我们的心灵找到一处停泊的港湾，体会这人世最美的时光。

并希望能得到您的不吝批评与指正。吾不学无术，才疏学浅，实在是诚惶诚恐也。

严复论翻译——"信、达、雅"，吾向喜之。然对此"三难原则",却有新解新释。

　　信,原指不悖原文,即译文准确,不偏离,不遗漏,也不随意增减;达,指不拘泥于原文形式,译文通顺明白;雅,指译文选用词语(文体)得体,追求文章本身古雅、简明和优雅。此大致是不谬也,如只于科学、社会、历史和宗教诸体而言,甚而于一般文学作品,如小说、戏剧、散文等而言,信与达,可偏重;然,于文学之巅峰——对诗而言,非单重"信"和"达",更应重"雅"。因诗乃用最精粹之语言,最美之形式,最悠扬之音律,表达人类诸方面之情感。东西方文字、文化虽存巨大差异与特性,但人类情感、心路却乃大致相同相通,即同为人,七情六欲,爱恨情愁,酸甜苦辣,岂非皆大同小异?只不过凝聚成诗,表达的语言与方式,有所差别而已。

野花与繁星

繁星布满了大地
而野花　开满了整个天空
你我却只是这人间匆匆的旅人
走在一条蜿蜒的路上
满是疲惫与悲伤
偶尔　看见那
连绵不尽　七彩纷呈的星子
分落四野　闪烁明灭的花儿
内心就回归宁静与美好
远和近都不是距离　而是一种态度
淡和浓也不是状态　而是一种幸福

缘起（代序）

生而为此而来
死亦为此而去

问自己，为何写诗？写了这么久，从来没有认真想过，似乎只是一种本能的冲动。自从有了人类，也就有了喜怒哀乐的感情，自从人类创造了文字，古人已经开始写诗，以抒情言志；诗，是文学的鼻祖，在诗之前，应该还没有人写过小说、散文或剧本，因为，诗用最简洁的文字和音律表达最美最真挚的情感。把一首诗兑水，变成了散文，再兑水，是一本剧本，再猛倒水，就变成小说了。所以，古今中外，一直都有人在创作——写诗，想来永远也不会停下。有人曾经调侃，现如今，写诗的比读诗的还多，这句话，我想了很久，最后想通了：其实很符合自然规律啊！因为，诗就是野花和群星，它们一直就存在那里，每个春天，野花便漫山遍野而来，每个夜晚，繁星便排山倒海而出，无论美丑、无论明暗，有缘便看几眼，无缘就悄然隐谢，赏花、观星的永远比花和星少啊！

如此而已。

要让这世界没有诗，除非，地球上，宇宙中，没有了野花与繁星。

野花，不名贵，自开自落，自生自灭。在山坡，在幽谷，在大道小路旁，盛开，枯萎，无声无息。也许，有人经过，看了一眼，欣赏一会，赞叹一声；也许，它的凄美永远没有足迹踏过，也依然开过，存在过。

繁星，不明亮，非月非日，非近非远。在晨曦，在夜空，在天际地线边，闪烁，隐没，无纷无扰。也许，有人驻足，望了一眼，凝视一会，喟叹一声；也许，它的孤傲一直没有眼神掠过，也仍然挂着，运转着。

　　诗，与名利无关，又名传千古，价值千金。自古以来，诗人，也许是贫困潦倒的代名词。真正的诗人，从来不为了名利而写；为名利而写的，成不了真正的诗人。山里的野花，从来不名一文，天上的繁星，从来不闪一利。可是，那种美，那种亮，你能说真的什么价值也没有吗？我想，只是用世俗的钱财无法衡量罢了。

　　如若活着只为汲汲营营，升官发财，饱食三餐，声色犬马，从而变得庸碌无为，最终成为酒囊饭袋，行尸走肉，这样的一生亦是一生，然而于我而言，是极其无趣无味的一生。如果，还有来生，我还是愿意近赏野花，远眺繁星，即使生活仍然坎坷艰难，世事依然无常沧桑，但永不觉寂寞孤独。

　　因为：

　　　　世界上尚有两样东西能陪伴并且震撼人们的心灵：一样是我们脚底下美丽易谢的野花；另一样是我们头顶上灿烂永恒的星空。

——康德

　　2018.12.23 早完稿于多米尼加山鹃度假村大堂

致谢

  终于下定决心将自己多年来翻译的尝试付梓，这些译作大多从未正式发表过，但吾为此付出了极大心血，然后，它们像野花与繁星一般默默存在着。如今结集出版，只是为它们找到一个家，一个可以容纳旅人和浪子稍微在此歇息一会，让身心放松下来，与灵魂对话的家。特别感谢蒙特利尔《华侨新报》的总编温葵女士，主编黎杨女士一直以来对我写作的鼓励和支持，没有她们给予的力量，我也许仍在黑暗和苦闷中摸索；感谢在翻译过程中曾为我打气，帮助设计图片的荣丽玮女士；感谢本书的策划黎杨女士和编审陶志健博士，以及卢国才、马新云等诸多写古诗词的诗友们，多年的唱和让我保持了对写诗的热爱和冲动。最后，感谢我的太太以及所有亲朋们，是你们的爱和亲情，让我对生活和文学始终怀揣着热忱。

  本书参阅了网上许多资料，引用或化用的内容无法一一注明，谨向不知名的朋友们表示歉意和谢意。

野花·繁星

白石滨翁诗话之东邪西毒——春

野花·繁星

Wild Flowersand Bright Stars

经典英文诗古诗词翻译
第一辑
English Poems in Traditional
Chinese Poetic Forms [I]

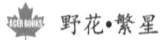 野花·繁星

(一)

Cuckoo Song

Anonymous c.1250-c.1350

Sumer is icumen in,
Lhudé sing cuccu!
Groweth sed and bloweth med
And springth the wudé nu,
Sing cuccu!
Awé bleteth after lomb,
Lhouth after calvé cu;
Bulluc sterteth, bucké verteth;
Murie sing cuccu!
Cuccu, cuccu,
Wel singés thu, cuccu;
Ne swik thu naver nu.
Sing cuccu nu! Sing cuccu!
Sing cuccu! Sing cuccu nu!

【注】:"nu"is"now"; "lbude" is "loud"; "med" is "meadow"; "awé" is "ewe"; "verteth" is "breakswind"; "swik" is "be silent."

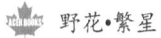 野花·繁星

春夏至闻杜鹃之歌而咏之
（五绝）

【英】无名氏（公元 1250-1350 年）

春夏杜鹃啼，牛羊唱草萋。
暖风催万物，大地复苏隮！

【注】：隮（jī），升起、登上、虹、云气。

春夏
（诗经体）

春夏至兮，杜鹃畅啼！芳草盛兮，河岸萋萋；
树木丰兮，百鸟所栖；严冬去兮，杜鹃唱啼！
母羊咩兮，羔仔眼迷；母牛哞兮，牛犊舔蹄；
公牛吼兮，雄鹿轻嘶；万物苏兮，杜鹃畅啼！
百兽欢兮，杜鹃畅啼！歌不止兮，耕者初犁；
五谷播兮，荒地成畦；春夏至兮，杜鹃唱啼！
风不止兮，青碧绕堤；飞不停兮，百鸟鸣齐！
大地复兮，南北东西；永不止兮，杜鹃畅啼！

【注释】：《诗经》，四字，音律繁复，其意自出！

杜鹃之歌
（现代诗）

春夏的脚步啊，已然轻临！
杜鹃的啼叫啊，是那么动听！
咕咕！咕咕！咕咕！
芳草的碧色啊，染遍河边！
树叶的嫩绿啊，描绘那一层层山林！
杜鹃的啼叫啊，是这么的欢欣！
咕咕！咕咕！咕咕！

慈爱的母羊啊，咩咩地舔着羊羔！
温厚的母牛啊，低哞着抵牛犊的角！
健壮的公牛啊，应和着雄鹿的嘶叫！
杜鹃的啼叫啊，是那么的欢快如银铃！
咕咕！咕咕！咕咕！

万物复苏了啊，都欢乐的歌唱！
咕咕！咕咕！咕咕！
自由地欢唱啊，永远都不要停！
咕咕！咕咕！咕咕！
现在就欢唱啊，现在就欢唱！
咕咕！咕咕！咕咕！
自由地欢唱啊，永远也不要停！
咕咕！咕咕！咕咕！

【赏析】

这首诞生于十三世纪的诗歌（严格说来，它是歌词，更严格地说，它是轮唱曲，可以唱，很好听，有多种版本），出现于中世纪乔治时代，在1261年——1264年之间，是最早的英文诗之一。

其实语言的发展都是一样的，从这首诗看中世纪的英文，发现就如我们的古代文言文一般，文法看起来很复杂，单词也古老，甚至有法语带上划线的é，应该来自拉丁文。念起来也很拗口，但如果真会念，真会唱，则音律铿锵，抑扬顿挫，回旋优美，很是动听。

就诗歌体式而言，又像我们最早的诗歌总集《诗经》，是用繁复循环的音律来表达感情，所以我也试用诗经体来诠释。

斯宾塞评价这首作品"欢快的杜鹃，春天的使者，唱着银铃般欢乐的春夏之声！"。

《五百首经典英文诗》第1首

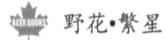

(二)

General Prologue to The Canterbury Tales

By Geoffrey Chaucer

When April with its sweet showers
Has pierced the drought of March to the root
And bathed every plant-vein in such liquid
As has the power to engender the flower;
When Zephyr also with its sweet breath
Has in every grove and field inspired
The tender crops, and the young sun
Has run half its course in Aries the Ram,
And small fowls make melody
That sleep all the night with open eye
(Nature pierces them so in their hearts)——
Then people long to go on pilgrimages
And palmers to seek foreign shores
To distant shrines, known in sundry lands;
And specially from every shire's end
Of England they travel to Canterbury
To seek the holy blissful martyr
That has helped them when they were sick,
It happened that one day in that season
As I lay at the Tabard Inn in Southwark
Ready to travel on my pilgrimage
To Canterbury with a most devout heart,
There came at night into that lodging-place

Twenty-nine in a group
Of sundry people, by chance fallen
Into fellowship, and they were all pilgrims
Wanting to ride toward Canterbury,
The chambers and stables were roomy,
And we were very well accommodated.
Soon, when the sun had set,
I had spoken to every one of them
So that I was immediately in their fellowship,
And we agreed to get up early
To make our way to the place I have described to you.
Nonetheless, while I have some time and room
Before passing further into this tale,
It seems reasonable to me
To tell you the condition
Of each of them, as it seemed to me,
And what they were, and of what rank,
And also in what array they were.
I will first begin, then, with a knight……

——from *The Canterbury Tales*

《坎特伯雷故事》总序诗

【英】杰弗里·乔叟

四月甘霖润土根,薰风拂过醒乾坤。
春眠一觉草花晓,冬梦几回鸟兽喧。
青谷嫩苗吹细浪,金阳暖束沐平原。
牡羊火象称时令,鱼座水星渐性温。
万物欢欣齐奏曲,自然睁眼独纷繁。
人间却慕宗祠庙,天下惟怀慈福轩。
殉者牺牲扬世道,众生俯拜治伤痕。
慰灵远古今安在?养性曾经惠赐恩。
随吾签居城客栈,骛心飞往至伦敦。
客房马厩均无怨,三教九流同一门。
香客虔诚朝圣地,俗夫专注拜神元。
夕阳残火忽消逝,教友新知才畅言。
今夜且欢须秉烛,明朝曦发在晨昏。
一行坎特伯雷去,千路信徒来往奔。
且慢待余先叙此,得闲对汝语相论。
众生皆有家身世,骑士英姿首拾援。

【赏析】

杰弗里·乔叟(Geoffrey Chaucer c.1340-1400),被尊称为"英文诗之父",英语文学诗歌史上最伟大的诗人之一,排在第三位(位于莎士比亚和弥尔顿之后)。

他出生于一个富裕酒商之家，曾服役于军队和皇室，是死后第一个被葬于西敏寺诗人角的诗人，享极盛誉。代表作是长篇叙事抒情诗 The Canterbury Tales——坎特伯雷故事，这部巨著由许多故事组成，但作者通过匠心独运的组织，使得原先各不相干的故事有机结合起来，构成了完整的统一体。尽管原计划过于庞大，作者未能如愿完成，但统一体的轮廓已明确呈现。

Canterbury 是坎特伯雷大主教的圣称，为全英格兰主教长，成为英格兰圣公会的领袖之名，这本名著诗集就是讲二十九名香客去坎特伯雷朝圣的。

2018.12.18 初稿
2018.12.30 修订稿

【注】译者家居街道名就是"Canterbury"，似乎冥冥中有天意在。

《五百首经典英文诗》第 2 首

（三）

Western Wind

Anonymous

Western wind, when wilt thou blow,
The small rain down can rain?
Christ, if my love were in my arms
And I in my bed again!

花非花
——西风

【英】无名氏

西风难、尽消瘦。细雨微，别离久。斯人床枕冷相凝，不见纤纤温玉手。

2018.12.10

【赏析】
　　初读此诗，很是困惑：这短短四行字，竟然能入选最经典英文诗集，并名传千古？！
　　而且，第二行怎么念，怎么拗口——"The small rain

down can rain?" 真是百思不得其解！

　　但诗是星，诗是花，需经把玩细赏，才能解真味纯美。吟读再三，才恍然大悟，哦！原是这样的：The small rain is down，看窗外，细雨轻飘，然后，How come it can rain？怎么就下起雨来了呢？！这是作者反问自己的语气，因为承上句，Western wind, when wilt thou blow.——"西风难，尽消瘦。"西风，也就是秋风（东风为春，南风为夏，北风为冬），应是秋深冬始之季，凛冽强劲的秋风吹过，此时，叶落尽，树秃完，景萧瑟，心亦倦了，神亦怠了，人亦憔悴了！

　　这是一首怀人诗，而且是情侣的相思。为何如此说？看下句就知道了——Christ, if my love were in my arms。正叹着秋风起，又见细雨落，心里不禁念起一个人来，耶稣啊，上帝啊，如果我的爱人此时正依偎在我的臂弯！这是假设句，说明作者的心上人此时不在他的身旁。最后一句来了，结束得很突兀，也很有力：And I in my bed again! 我又躺在了我的床上，应该是我们的床上，注意这个 again，作者不止一次这样想念他的心上人了，不知多少次，他躺在或斜倚在曾经与情人缠绵的爱巢上，思念着远方的人和从前的时光，而这次他看见秋风起，秋雨下，更是令人神伤！到此，整首诗的意境已经完整的展现在读者眼前，一个思念者，被简单的景物——西风和细雨所触动，怀想着远方的爱人，悲伤不已。

　　够了，四行，足以名留诗史。

　　此诗的作者是个无名氏，更令人唏嘘不已，千百年来，每一个渺小的你、我、他，都有可能是这个无名氏，都曾经在某个时节有过这样的心情和思绪，这就是这首诗的魅力所在。柳永有"为伊消得人憔悴，衣带渐宽终不悔。"之句，可见，东西文化，形虽异，神相通。

11

例证，我在网上查找这首诗的资料，偶见一个帖子和回帖：

Thursday, August 11, 2011
Western Wind
Anonymous

Western wind, when wilt thou blow,
The small rain down can rain?
Christ, if my love were in my arms
And I in my bed again!

Irish King April 10, 2012 at 8:45 PM

Hello Christopher, reading this ancient poem was my first assignment in freshman English at John Carroll University. It was during the summer session of 1973. I had to write a composition explicating the poem. I got a B on it. I still have the paper I submitted. I just texted "Western Wind" to my girlfriend. It started raining lightly here in Louisiana and my girlfriend is far away in Cleveland, Ohio. Although I have not thought of this poem in 39 years tonight's "small rain" and my separation from my sweetheart created the romantic imagery that brought this poem back into my head. I thought I'd share this with you on your poetry blog. I'm happy to be your first poster too.

2011年8月11日，周四，一个叫克里斯托夫的人，可能也在怀想心上人，在自己的博客上贴了这首诗。过了大半年，也就是2012年4月10日晚上8：45，一个叫"爱尔兰国王"（网名）的人看到了，给他回帖，翻译如下：

> "你好！克里斯托夫，念着这首古老的诗，想起那是我在约翰卡罗大学英语初级班时的一个作业，时间倒流回1973年的夏季学期，我得根据这首诗写一篇作文来诠释，我得了一个良呢！那份作业的草稿我还珍藏着，读诗念人，不禁刚给我女朋友发了条短信——"Western Wind"，一看窗外，发现竟然也下起了小雨！在这样的夜晚，在路易斯安娜！而我的女朋友，远在俄亥俄州的克里夫兰。尽管已有39年我没有想过这首诗了，但今晚的小雨，还有我与爱人的分别，又营造了一个很适合这首古诗的浪漫的幻象，重映在我的脑海。我想我应该在你的博客里与你分享这一份情思。顺致，我也很高兴我是第一个给你回帖的人。"

请注意，八个月之后，这"爱尔兰国王"是第一个给博客主人回帖的，而且，是这么充满真情实感的一个故事。所以说，够了，经典诗作，就是在某年某月的某一天，必会感动某人，芸芸众生，不是我，就是你，不是你，就是他（她）。

我对翻译这首诗的第一个反应——宋词！很快，就决定了词牌——《花非花》（二十六字，仄韵，白居易自度曲），也刚刚好四行，韵部也恰好用原诗的韵blow——瘦。

短短十几分钟，就完成了，仿若心灵感应，浑然天成。

2018.12.16
《五百首经典英文诗》第4首

野花·繁星

(四)

As You Came from the Holy Land Of Walsingham

By Sir WALTER RALEGH

As you came from the holy land
Of Walsingham,
Met you not with my true love
By the way as you came?

How shall I know your true love
That have met many one,
As I went to the holy land
That have come, that have gone?

She is neither white, nor brown
But as the heavens fair;
There is none hath a form so divine
in the earth or the air.

Such an one did I meet, good sir,
Such an angelic face,
Who like a queen, like a nymph, did appear
By her gait, by her grace,

She hath left me here all alone,
All alone, as unknown,

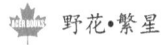

Who sometimes did me lead with herself,
And me loved as her own.

What's the cause that she leaves you alone
And a new way doth take,
Who loved you once as her own
And her joy did you make?

I have loved her all my youth,
But now old, as you see;
Love likes not the falling fruit
From the withered tree.

Know that Love is a careless child
And forgets promise past;
He is blind, he is deaf when he list,
And in faith never fast.

His desire is a dureless content
And a trustless joy:
He is won with a world of despair,
And is lost with a toy.

Of womankind such indeed is the love,
Or the word love abused,
Under which many childish desires
And conceits are excused.

But true love is a durable fire
In the mind ever burning,

Never sick, never old, never dead,
From itself never turning.

绕佛阁
——圣爱

【英】沃尔特·雷利

  圣虔跪拜。娇步款款，非尔真爱。三叹一慨。汝心幻变、真真实难解。上天九界。凭眺远睹，情又何在！薄粉青黛。洛神风韵，颠倒众生态。
  弃客痛长夜，愁绝清宵难忍耐。还念始初、殷勤如己待。竟况怎疏离，千里之外！逝伤年艾。效赤子情怀，荣辱休介。火弥新、几何曾改？

你从圣地沃尔辛汉而来
（现代诗体）

  你从圣地沃尔辛汉而来！
  与你相遇的 并非我的真爱
  当你款款地走在路上！

我如何知晓是否是你的真爱？
因它爱得如此泛滥
当我去到那圣地
你的爱曾经来过又经已逝去的地方！

她的肤色既非白也非黄
只是像天堂般纯洁
在这个世界上 从没有过的圣洁
从人间到天上！

我遇见到的如此一个可人儿！
有着天使般的面孔
像皇后，如女神 赫然出现
风情万种 仪态万千！

也是她 把我孤独的遗弃！
如此的孤独 浑然忘记了痛苦
她曾经引领我漫步幸福之路
她曾经爱我就如爱己！

是什么促使她弃你如敝履？
一隔 经已千山万水
又是谁曾经爱你恰如爱她自己
你的一言一行都令她沉醉！

我把青春都托付给了她！
如你所见 现在只剩老去的年华

却没换来 爱如沉甸的果实坠落
只看见凋谢的树 怀念那盛开的花！

他亦应深知 如赤子一般去爱！
快乐地遗忘所有的过去与诺言
当他遍数爱的记忆 自当既聋且瞎
也应深信 这是偷食爱的禁果的代价！

他的渴望 永远无法满足
也是一种无妄的快乐
即使曾赢得了一个渴望的世界
也会如孩童 逝去一个玩具的欢乐！

从母性的角度来说 这确实是爱
抑或者说 是一种泛滥的爱
里面深藏着太多孩子气的贪婪
也因如此 字字玑珠 是爱的蜜语

但 爱也是弥久常新的火焰
在心里永远熊熊燃烧
从不会变质 从不会老去 从不会死去
因为爱自始至终 从未改变！

【赏析】

　　这是首情诗，是沃尔特·雷利爵士（Sir Walter Raleigh，1552-1618）献给伊丽莎白一世的。世间爱情千百种，这一种，世间罕有，说不清，也道不明：说是真爱，又仿佛不是，说是假爱，又似乎不像。原诗还有一个题头"False Love and True Love"（真爱或假爱），尤其这种君臣之爱，更掺杂着权力与利益因素在其中，爱不好，会掉脑袋。

沃尔特·雷利爵士，英国贵族、作家、诗人、军人、政治家、朝臣、间谍和探险家（冒险家），英国烟草推广的先驱，更是个风流倜傥、风华绝代，风一样神秘的奇男子，是英国文艺复兴中"大写的人"的典型代表。他广泛阅读文学、历史、航海术、数学、天文学、化学、植物学等著作，高挑、英俊、举止亲切、富于急智，据说他第一次吸引女王注意，是把自己鲜红华丽的斗篷丢在水泥潭里，以便女王高贵的脚可以顺利通过。

伊丽莎白一世，英史上最伟大的女王。英国在她前任玛丽一世的血腥统治下，陷入空前混乱，直到1558年崩驾，直至最后关头，她才终于首肯同父异母的妹妹伊丽莎白来继承王位。消息一经传出，举国上下一片欢腾，因其时英国国库亏空，国力羸弱，濒临岌岌可危的地步，急需一位贤明的君主来稳定国家，历史时机给了伊丽莎白。1558年11月17日，经过各种磨难，终于成功登基，成为英格兰、爱尔兰的女王，她是都铎王朝第五位，也是最后一位君主。

伊丽莎白亦不负众望，她曾说："我是一个女人，但我有一颗男人的心。"她拒绝任何政治上的联姻，坚持追求真爱，但这位威严、冷峻、刚毅的女王最后还是终身未嫁，而是把自己嫁给了英格兰，只与国家与权力终身为伴。在以威廉·塞西尔、布鲁斯·伯利为首的一群顾问官，以及佛朗西斯·沃辛汉为特务首长的辅助下，运用自己的智慧，成功在一次次宫廷政变、暗杀、阴谋中，在大臣的欺骗、国家糟糕的局势中华丽脱身,一次次扫除异己,逐渐巩固了自己的王位;并将十六世纪的英格兰从危险的边缘拉回,赢得了四十多年的宝贵稳定,并形成了国家认同,推向昌盛的顶点,使英国成为欧洲乃至世界上最强大的国家之一。

她的统治,在英国历史上称为"伊丽莎白时代","黄金时代"。她终生未婚,因有"童贞女王"(The Virgin Queen)之称,亦称"荣光女王"(Gloriana)、"贤明女王"(Good Queen Bess)。

虽伊丽莎白一世终身未嫁,并称"童贞女王",但并不代表她没有感情和爱情生活。相反,她一生中的情与爱,如她的政治生涯一样,充满了传奇般的跌宕起伏、扑朔迷离的色彩。作为女王,她的情人、宠臣无数,此诗的作者——沃尔特·雷利爵士便是这其中一位,他集情人与宠臣为一体,风度翩翩,才华横溢,写得一手好诗,深获女王青睐。

1584年。他率两条船抵达了现今北卡海岸以外的小岛罗阿诺克,返回时带回了一袋珍珠、几个印第安人和许多关于北美新大陆的传说。为博取女王的欢心,雷利将这个地方命名为"Virginia",而女王作为回报,1585年1月加封其为爵士。

他们的爱情故事,被好莱坞拍成大片《黄金时代》。剧中,女王被雷利的才华和风度所吸引,但身贵为女王,又不能爱得义无反顾;雷利虽潇洒多情,叹身为臣子,也只能爱得如履薄冰。女王让最心爱的贴身侍女伊丽莎白·思罗克莫顿(Elizabeth Throckmorton)在中间传情递意,不期两人反倒擦出真爱的火花,1591年,因怀子而秘密结婚。女王知晓,凤颜大怒,夫妻被关进了伦敦塔。

按记载,这首诗写于1593年,该是雷利被关伦敦塔时的反思：女王，你的圣爱，到底是真还是假呢？你曾经爱我如爱己，最后又将我无情的遗弃！你像母亲，而我像个孩子，你的圣爱太过泛滥，我的爱太过贪婪，可是我们的爱都像弥久常新的火焰，从未改变灭熄！

不知是否因这诗的缘故，反正最后女王宽恕了雷利夫妇。他又得以继续航海探险，有关他的故事，下回介绍他的两首诗时再继续。

【注】

*在《五百首经典英文诗》里，此诗被哈门先生放在"无名氏"之下，说就算是雷利所作，也是基于一首古老的英国歌谣之上。经过对英史强行补脑和对此诗的再三品味，我也赞同将这首诗归在沃尔特·雷利爵士名下。

*选词牌《绕佛阁》（一百字，仄韵，调见《清真乐府》），意觉此段尘世之爱实如佛理缠绕。

*Holy land Of Walsingham，在 Norfolk，英格兰朝拜者的神庙圣地。

*2002 年，BBC 在民调中评出 100 位最伟大的英国人，伊丽莎白一世排名第七，雷利排名第九十三，总数合为一百——百年之合？天意耶？

2019.01.20 大寒
《五百首经典英文诗》第 8 首

(五)

Life

By Sir WALTER RALEGH

What is our life? A play of passion,
Our mirth the music of division,
Our mother's wombs the tiring-houses be,
Where we are dressed for this short comedy.
Heaven the judicious sharp spectator is,
That sits and marks still who doth act amiss.
Our graves that hide us from the setting sun
Are like drawn curtains when the play is done.
Thus march we, playing, to our latest rest,
Only we die in earnest, that's no jest.

人生
(七律)

【英】沃尔特·雷利

如戏人生若几何？朝来悲喜晚来歌。
怀宫奉母新程旅，踏履随心旧海河。
夕落浮华终化冢，幔升闹剧总成窠。
望君谢幕应无悔，知否光阴度似梭。

人生
（现代诗）

人生究竟为何？一场充满激情的戏
犹如多样性的音乐行板
在母亲温暖子宫里准备粉墨登场
我们极尽盛装　只为一场短暂的悲喜剧
天堂般的快乐让观众欢呼
可人生不如意之事十有八九
我们的坟冢将把我们与辉煌的落日相隔
就如剧终时　沉重的落幕缓缓地拉起
因此朋友啊！请尽情地入戏，直到我们最终安息
我们要无怨无悔地死去　因为
人生如戏

【赏析】

　　人生，在浩瀚的宇宙中，是一段短暂的旅程。英国人说，人生如戏；中国人说，人生如梦。

　　这首诗的名字是《人生》，本不收录在《五百首经典英文诗》里，是我无意中看见的，作者还是才高几斗、风流倜傥、人生多彩的沃尔特·雷利爵士。我一看题目这么高大上，又是千古永恒的命题，也不管它是不是经典，就果断地以它替换了别的一首在他名下的，但无足轻重（与人生主题相比）的诗，因为，我们生而为人，最应该谈，最应该思索的就是：

怎么样度过我们的一生。

可惜，从古至今，多少百亿的生命在这地球上出生，成长，衰老直至消亡，真正能想过、考虑过、决定过怎样消耗我们的生命才算是一个有意义的人生的？这数字无法估计，但按比例说，想来算是寥寥无几。

一是，这种上升到哲学高度的东西，芸芸众生没有能力，也没有必要去费这心机。实际上也是如此，原始社会，人未开化，忙着进化，无所谓考虑人生。也许，有个别特殊的，在星空璀璨之夜，睁着一双纯洁、清澈的眼睛，静静凝望星空，似乎若有所思，那应该是最初对人生的思索状态。炎黄以始，朝代更替，战火纷乱、烽烟四起，中原逐鹿，争权夺利，明争暗斗，尔虞我诈，成者为王，败者为寇，渐渐的，人生以此为准绳，从此，锦衣玉食，富贵荣华，成为世人对人生意义的最大考量。可是，一将功成万骨枯，这多少亿万枯骨的人生，也就如此不堪，且轻于鸿毛了。

二是，时代的洪流，淹没了渺小的人生。每一个人来到这个世界，都是处在一定的时代和地点，包括社会和家世，贫穷富贵，皆有天命，然后随即被洪洪潮流所推动，身不由己。如余华《活着》里面的福贵，在无奈和悲惨的时代里，亲手埋葬了所有的亲人，能喘喘活着已经是一种奢侈，又如何还奢望一种幸福的人生？

其三，就算帝王将相、王公侯爵，一生糜烂奢华，昏庸无度，又能怎样？到头还不是白骨一堆，黄土掩埋？倒是落难皇帝李后主，失了江山，赢了人生，堪破红尘，留下这许多绝美诗词，使得人生变为永恒："雕栏玉砌应犹在，只是朱颜改，问君能有几多愁？恰似一江春水向东流。"

每个时代有每个时代的特点。生于七八十年代的，仿佛是一段历史的空白期，我们经历了最平静、最萧条、却是最多彩的童年，从小就带上红领巾，被党教育要好好学习，天天向上，要随时准备着做共产主义的接班人，我们小小的胸膛，蹦着一颗暖暖的红心，那时，感觉我们的人生将是多么光荣、多么辉煌！保尔柯察金也这样告诫我们："我们的一生应该这样度过……当他回首往事的时候，他不会因为虚度年华而悔恨，也不会因为碌碌无为而羞耻；这样，在临死的时候，他就能够说："我的整个生命和全部精力，都已经献给世界上最壮丽的事业——为人类的解放而斗争。"

可是，随着时间推移，随着慢慢长大，也慢慢发现，自己已经虚度年华，已经为碌碌无为而羞耻，而社会也已经慢慢发展成为更令我们感到困惑与不解的社会。纵然资本主义的雷利说的与社会主义的柯察金说的一样："望君谢幕应无悔，知否光阴度似梭。"

如果，世界上真有最壮丽的事业——为人类的解放而斗争。那么，人类解放的最终标志，是人人生而平等，都能拥有一个平静而充满激情的人生，生命是自己的，自己有权决定过得有意义或者没有意义。

因为……

人生，在浩瀚的宇宙中，只是一段短暂的旅程。西方人说，人生如戏；东方人说，人生如梦。

人生，作为一个永恒的主题，永远被诗人们吟咏着。上一首介绍了沃尔特·雷利爵士献给伊丽莎白女王的爱情诗与故事，在他的笔下，人生又是个什么样子呢？他用这么一首小诗，浓缩了一生，说人生像一场充满激情的戏剧。今天讲他的人生，就是他诗中描写的样子。

雷利的父亲老沃尔特·雷利（同名）是德文郡一个富裕

的乡绅，一生结了三次婚，所以雷利有几个同父异母的哥哥，其中最有名的一个是汉弗莱·吉尔伯特爵士（Sir Humphrey Gilbert）。16岁时，雷利进了牛津，时间很短，没拿到学位，随后去伦敦学法律，同样没结果。再往下，就是一系列个人冒险。

1578年6月，汉弗莱拿到皇家特许，可在北美占据无人定居的地方，雷利担任其中一艘船的船长，参加了第一次北美探险。1580年，雷利28岁，是著名的"脚上戴着金刚钻、耳朵上戴着珍珠"的花花公子，说一口柔软的德文郡腔英语，写一手细致机巧的小诗，但是同样好勇斗狠，因决斗一年之内两次入狱。他结识了女王的宠臣兰开斯特伯爵、以及牛津伯爵等显贵，并在后者的挑唆下挑战宫廷诗人菲利浦·西德尼。随后他以军人身份前往爱尔兰，血腥镇压了当地叛乱。据说他第一次吸引女王的注意，是把自己华丽的斗篷丢在泥潭里，以便让女王高贵的脚顺利通过。

伊丽莎白女王对雷利的宠爱很"实惠"，开始是伦敦的一所大房子，经营旅店的特许每年带来2000磅收入。到1584年，他获得垄断经营羊毛织物出口的特许，同年他更换了已经去世的哥哥汉弗莱·吉尔伯特的特许状，积极向北美探险。他派出的两条船抵达了现今北卡海岸以外的小岛罗阿诺克，返回的时候带回了一袋珍珠、几个印第安人和许多关于北美新大陆的传说。为博取女王的欢心，雷利将这地方命名为"Virginia"，而女王作为回报，1585年1月加封雷利为爵士。

1585年，他获得了锡矿开采权，也是在这一年，他派表兄带船队和107名移民再度前往罗阿诺克，可是受饥谨和印第安人的威胁，移民们在第二年离开小岛回到英国。巧的是，移民们带回了烟草和土豆，而雷利恰在这一年拿到了爱尔兰的 4 万英亩土地，所以从此之后土豆成了爱尔兰的主要作物。而烟草，在罗利不遗余力的推广之下，迅速成为英国绅士的嗜好，随后成为世界吸烟者的新宠。

1587 年，不甘心失败的雷利再度派出移民 110 名，而数年后这批移民神秘地消失了，寻找者只在一棵树上发现了一个词：CROATOAN。英国移民美洲的第一次实验就这样失败，大约耗费了罗利 4 万英磅财富。

在女王的男宠系列里，雷利算是兰开斯特伯爵之后、埃塞克斯伯爵之前的一个"过渡"，年轻的埃塞克斯 1587 年进入宫廷，同年雷利被封为皇家侍卫队队长。但是，雷利在女王面前的地位已经一落千丈，他不得不将更多的时间花在他的爱尔兰产业上。他担任海岸防御之职，捐赠给英国海军的"皇家方舟"被选为旗舰，但是在 1588 年与西班牙无敌舰队的海战中，他领导海岸卫队，似乎没有十分显赫的战斗功勋。如果提到功绩的话，这算一件，1589 年他提拔诗人斯宾塞进入宫廷，后者作为桂冠诗人，发表了长诗《仙后》，而斯宾塞的后裔有一个叫戴安娜，贵为王妃。

1592 年，在一次进军中他被女王召回，原因是女王发现了他的"秘密"——他与女王的宫廷女官伊丽莎白·思罗克莫顿（Elizabeth Throckmorton）的恋情。按照宫廷规矩，女官的婚姻必须经过女王的同意，为此，二人被关进伦敦塔。所幸，他的船队俘获了西班牙运宝船，给他带来一大笔财富，也使他得以花钱赎身。

为了取悦于女王，雷利在 1595 年发动了寻找"黄金国"（El Dorado）的探险，这个国度在西班牙的传说里已经存在了很多年，雷利相信它存在于南美亚马逊。虽然是无功而返，但是他所发表的《圭亚那发现纪》（*The Discovery of Guiana*）是伊丽莎白时代冒险叙事题材中最灿烂的篇章，充满了栩栩如生的细节和瑰丽的想象。

世事难料，1601 年，埃塞克斯伯爵举兵反叛，而雷利重新被女王任用，是负责镇压情敌和监刑的宫廷侍卫官。可是埃塞克斯很受拥戴，他是莎翁笔下的那个样子："朝臣的眼睛、学者的辩舌、军人的利剑、国家所瞩望的一朵娇花；时流的明镜、人伦的雅范、举世注目的中心。"所以埃塞克斯之死，大众所不敢迁怒于女王的、全都投向雷利，他成了不受欢迎的人。

女王逝世以后，詹姆斯一世掌权，他采取和平共处的国际政策，雷利对西班牙的强硬态度与之格格不入。1603 年，雷利以判国罪被判处死刑，在伦敦塔中一关 13 年，是历史上伦敦塔内滞留时间最长的一名囚犯。在这里，他写出了一部《世界史》。

1616 年，雷利以寻找黄金国为名得以假释，但是一系列的不走运使他并没有发现金矿，手下反倒烧毁了一处西班牙定居点。国王震怒，要求执行 1603 年的死刑判决。1618 年 10 月 29 日，66 岁的雷利走上断头台，但他仍表现出他那诙谐的个性，面对刽子手，他要求验看斧头，并嘲讽、风趣地说道："This is a sharp medicine, but it is a physician for all diseases（这种药的药力太猛，不过倒是包治百病）。"按照当时通例，他的头被以防腐剂保存，然后送交给他的妻子，雷利夫人一直随身带着它，直到 29 年后以 82 岁高龄亡故。最终，雷利的头颅和遗体合葬在了威斯敏斯特的圣玛格丽特墓地（诗人之角）。

哈代小姐在她为沃尔特·雷利散文选集写的导言中说，

在我们中的许多人看来,"伊丽莎白时代意味下述两者之一:要么她是珠光宝气的辉煌年代,隆重排场,丰饶奢靡,色彩缤纷,是宏大仪典和宫廷盛会的年代、诗歌和戏剧的年代;要么它是开拓产业和考察探险的年代。"而沃尔特·雷利的一生,是这两种年代的完美结合。他说,生存时要充满激情,真正的男子汉蔑视死亡,虽然死亡从"我们一生下来就追逐我们,并一路穷追不舍。"

2019.03.16
《五百首经典英文诗》第 30 首

（六）

The Lie

BY SIR WALTER RALEGH

Go, soul, the body's guest,
Upon a thankless errand;
Fear not to touch the best;
The truth shall be thy warrant.
Go, since I needs must die,
And give the world the lie.

Say to the court, it glows
And shines like rotten wood;
Say to the church, it shows
What's good, and doth no good.
If church and court reply,
Then give them both the lie.

Tell potentates, they live
Acting by others' action;
Not loved unless they give,
Not strong but by a faction.
If potentates reply,
Give potentates the lie.

Tell men of high condition
That manage the estate,

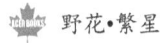

Their purpose is ambition,
Their practice only hate.
And if they once reply,
Then give them all the lie.

Tell them that brave it most,
They beg for more by spending,
Who, in their greatest cost,
Seek nothing but commending.
And if they make reply,
Then give them all the lie.

Tell zeal it wants devotion;
Tell love it is but lust;
Tell time it is but motion;
Tell flesh it is but dust.
And wish them not reply,
For thou must give the lie.

Tell age it daily wasteth;
Tell honor how it alters;
Tell beauty how she blasteth;
Tell favor how it falters.
And as they shall reply,
Give everyone the lie.

Tell wit how much it wrangles
In tickle points of niceness;
Tell wisdom she entangles
Herself in over-wiseness;

And when they do reply,
Straight give them both the lie.

Tell physic of her boldness;
Tell skill it is pretension;
Tell charity of coldness;
Tell law it is contention.
And as they do reply,
So give them still the lie.

Tell fortune of her blindness;
Tell nature of decay;
Tell friendship of unkindness;
Tell justice of delay.
And if they will reply,
Then give them all the lie.

Tell arts they have no soundness,
But vary by esteeming;
Tell schools they want profoundness,
And stand too much on seeming.
If arts and schools reply,
Give arts and schools the lie.

Tell faith it's fled the city;
Tell how the country erreth;
Tell manhood shakes off pity;
Tell virtue least preferreth.
And if they do reply,

Spare not to give the lie.

So when thou hast, as I
Commanded thee, done blabbing—
Although to give the lie
Deserves no less than stabbing—
Stab at thee he that will,
No stab the soul can kill.

谎
（古风）

【英】沃尔特·雷利

却遣灵魂客，离躯浊世游。
虽恩如主仆，实怨似王囚。
所欲非真美，常思必丑谋。
箴言无信众，假语斥方周。
尔遇群生相，讥锋情莫留。
衙门多霸辩，寺庙少香油。
朽木磷光弱，歹行阴影幽。
拥君民似水，视芥蚁倾舟。
几度江山易，千般爱恨仇。
睨贪官污吏，惊硕鼠藏偷。
螟噬吾庄稼，侵吞尔贼蟊。

愚忠担勇者，摇尾觅封侯。
富贵云烟过，奸名刻古丘。
阿谀恬奉节，溺色堕乡柔。
肉体终为土，时光永不休。
蹉跎原可叹，钓誉岂堪求？
意好维艰阻，花容易谢收。
机关盘算尽，恩惠仅蝇头。
莫论高深智，呆愚鸿大猷。
悬壶医道败，挂匾术方悠。
伪善心肠硬，堂皇律法矛。
钱财蒙七窍，天性腐三疣。
隙友原无宥，从来正义遛。
艺臻难极致，品赏可相酬。
学院艰深府，门楣立表浮。
谎言生恶果，强辩克当诪。
直面铮铮斥，众前狠狠羞。
逐城逃信仰，国渐陷悲愁。
诸子怀升虑，德行寒必忧。
说辞无所益，匕首刺衿喉！

谎
（现代诗）

去吧！灵魂，躯体的客人
作为一个忘恩的仆人

惧怕去获取最美好的感情
真实将会只被作为辩解
去吧！既然我所求只是一场梦幻
那么请告诉世界：撒谎！

去告知法院：它巧舌如簧
但只像朽木一样闪着微弱的光
去告知教堂：它冠冕堂皇
说着真义，却行不义之事
假如法院和教堂要巧辩
那么回敬它们一句：撒谎！

去敬告君主们：他们的辉煌
是基于民众的拥戴
如果没有奉献何来爱戴？
如果只有争斗势必衰败！
假如君主们想要抵赖
那么告诉君主：撒谎！

去敬告那些位高权重者
他们管理着城镇
他们目的只是利益熏心
他们的手段只是憎恨
因此假如他们妄想狡辩
那么请告诉他们：撒谎！

去敬告那些最猛的勇夫

野花·繁星

他们付出愚忠以谋求获取更多
他们摇尾乞怜
追求的只是虚幻的荣耀
假如他们企图强辩
那么请回击他们一句：撒谎！

去敬告热情，它空有奉献精神
去敬告爱情，它徒为色欲之身
去敬告时光，它只会不断向前
去敬告肉体，它终将化为土尘
希望它们都不愿辩答
为此缘故必须要说一句：撒谎！

去敬告岁月，它日夜穿梭蹉跎
去敬告荣誉，它只会空虚落寞
去敬告美貌，它将会摧毁消磨
去敬告善意，它如何步履蹒跚
如果它们将来会应答
如今只是告诉我们：撒谎！

去敬告聪明，它如何机关算尽
只为了获得小恩小惠；
去敬告智慧，她如何绞尽脑汁
反不及大智若愚；
假若它们胆敢狡辩
直接给它们一句：撒谎！

2019.03.19

【赏析】

　　谎言，在西方社会文化里，应该始自伊甸园里面的那条蛇。它骗夏娃吃了智慧之树上的果，原文中用的是"引诱"两个字，似乎与骗无关，而且它只告诉夏娃说"也许不会死"。说这些话的时候，它扁平的脸一定布满妩媚动人的表情，狡黠的眼睛一定流露温柔的光芒，夏娃才会被引诱到，偷吃了树上的"知善恶果"，然后又用同样的方法告诉亚当，聪明的你一定知道结果。

　　是的，亚当也挡不住诱惑，也被温柔地骗着吃了。而后果是严重的，上帝大怒，蛇所说的"不一定死。"失灵了，他们被赶出伊甸园，原来拥有的不老、不死之身已经失去，人类从此踏上了万复不劫之路。不单止人生只有百年（如果幸运的话）就会死去，更可笑的是，自此人类就知善恶了吗？也不见得，不信就倒回去看看，有人类史以来，人常常善恶不分（就算吃了智慧果，会遮上一块遮羞布，有时候，有些人可耻起来，连遮羞布也不用的），正义与邪恶犹如双刃剑，互为转换，致使人间战祸连绵，血流成河，生灵涂炭，几百，几千年的历史，均是如此。

更可怕的是，人类，从此不自觉，却很自然地生活在一个谎言的世界里，轮回反复，永不超生。所以说，谎言，是万恶之源。

　　但撒谎，又似乎是人的一种本能，不管出于什么原因，什么目的，什么动机，再诚实的人在一生也在某些时候撒过谎。如果谁可以在万籁俱寂之夜，千佛慈目之下，百神怒目之中扪心自问："我打生下来就从来没有撒过一个谎。"那不用万众供奉，其人便可以自封为"圣人"，可名存千古，流芳万世了。

谎言，有太多太多的种类，数不胜数，不胜枚举：恶意的谎言，善意的谎言，大的谎言，小的谎言，有意的谎言，无意的谎言，真心的谎言，假意的谎言，爱情的谎言，友情的谎言，甜蜜的谎言，苦涩的谎言，伟大的谎言，渺小的谎言，可笑的谎言，可气的谎言，大国的谎言，小民的谎言，幼稚的谎言，狡诈的谎言，荒唐的谎言，合理的谎言，古板的谎言，幽默的谎言，美丽的谎言，丑陋的谎言，天堂的谎言，地狱的谎言，洁白的谎言，黑色的谎言，政府的谎言，民间的谎言，老套的谎言，时髦的谎言，男神的谎言，女神的谎言，历史的谎言，现代的谎言，国际的谎言，乡村的谎言，人前的谎言，人后的谎言，纯钻的谎言，足金的谎言，昨天的谎言，明日的谎言，痛苦的谎言，幸福的谎言，啰嗦的谎言，简洁的谎言……打住，再列下去就真太啰嗦了，我们万事力求简单，那就一个字便可囊括"骗！"。

沃尔特·雷利爵士在《谎》这首诗里，让灵魂出窍，到那繁华又污浊的人间去走一趟，去敬告、警告这人间一切说谎者。这灵魂与他的躯体虽说是主客、主仆关系，实际上却是国王与囚徒的恩怨，并不必阿谀奉承、委曲求全地说谎言来博得他的欢心。不幸的是，灵魂所到之处，发现无处没有谎言的存在，不单人会说谎，机构也会说谎，法庭、寺庙、君主、贪官、莽夫、奸臣、医术、律法、经商、演艺圈、学术派……谎言无处不在，骗术无处不泛滥，整个社会环境、国家机器都在谎言中生存，运转。

三四百年后，在雷利爵士眼中，曾经是英格兰发生的现象，正在东方某片土地上蓬勃发展起来，而且有过之而无不及；一个提倡"诚信"为本的社会，却无诚可言，无信可讲：政府机构徇私枉法、贪污腐败、市场上假货、山寨版泛滥、地沟油、毒食品、毒产品蔓延、偷税漏税、假高大上、假真善美，法院冤假错案，寺庙假尼姑、伪和尚，大学虚假成果论文，演艺圈阴阳合同，医院真回扣假药假处方，明抢拐小孩暗骗老人，大街上假摔假碰瓷……社会道德底线被谎言无数次击穿，无限度地下降。经济的发展是靠谎言毁坏了整个社会为代价。

诚可悲也。

如开篇所提，没有人可以担保自己一生从来没撒过谎，普通人如你我，也撒过大大小小一些谎，但我们撒的谎：一、不会损害公众利益，二、不会危害公众生命健康安全，三、不会有诋毁国家形象目的。如果撒的谎做的事已经损害别人利益，危害别人生命健康安全，诋毁国家形象，而不会脸红心跳，那就是坏了本质，行了真正的罪孽。当然，我们首先提倡做一个正直的人，不撒谎或少撒谎，而且要敢于说真话。可是，在一个思想被阉割，精神被洗脑，信息被封锁，只能靠违心说谎、唱赞歌表忠心才能生存的地方，正是制造、传播、鼓励谎言、坏事盛行糜烂的粪池。

人们要说真话？反而只有死路一条。"说辞无所益？"，也惟有"匕首刺衿喉！"了。

诚也可悲也！

《五百首经典英文诗》第 2 首

 野花·繁星

(七)

One Day I Wrote Her Name upon the Strand

By Edmund Spenser

One day I wrote her name upon the strand,
But came the waves and washed it away:
Again I wrote it with a second hand,
But came the tide, and made my pains his prey.
'Vain man,' said she, 'that dost in vain assay,
A mortal thing so to immortalize;
For I myself shall like to this decay,
And eke my name be wiped out likewise.'
'Not so,' (quod I); 'let baser things devise
To die in dust, but you shall live by fame:
My verse your vertues rare shall eternize,
And in the heavens write your glorious name:
Where whenas death shall all the world subdue,
Our love shall live, and later life renew.'

汝名
（七排律）

【英】埃德蒙·斯宾塞

碧海柔沙写汝名，翻腾卷浪瞬间平。
夕沉又刻缠绵意，潮涨再消惆怅情。
万物人间皆泯灭，余躯世上亦衰荣；
怜君枉费徒劳力，念我初心望永生。
莫论千尘终坠土，吾言百代可传声；
镌诗美德彰相映，镂石繁星互灿明。
不惧阎王随赴去，欣然埃莫总逢迎。
旧泉但使经春涌，日月长存不负卿。

【注】埃莫（Amor），罗马神话中的小爱神，又名丘比特。

一天，我将她的名字写在海滩上（现代诗）

一天，我将她的名字写在海滩上，
可是，海浪翻卷而来把它全部冲散；
再次，我又将她的名字写上，
但是，潮汐奔腾而来又把它掳去、伴着我的痛苦与忧伤。

"可怜的人儿，"她说道："别再做这徒劳无用的尝试，易逝的事物你无法将它永远地留住；
因为我自己也将会如此这般的腐烂、消失，
更别说妄想将我的名字长留在海滩上，瞬间便会消散。"

"并非如此，"我争辩道："让万物生死
都归于尘土，但是你将以声名流传于世：
我将你的美与德写入诗句，从而使你流芳百世，
这样，在天堂将会刻上你灿烂的名字：
尽管人间的一切都将被死神带去，
我们的爱却将会永生，而生命也随时焕发活力。"

【赏析】

这一首是在英国著名诗人埃德蒙·斯宾塞（1552－1599）写的爱情十四行（sonnet），是典型的斯宾塞韵律格式（ABAB BCBC CDCD EE），他一生共写了88首献给妻子的爱情小诗（Amoretti），这是最著名、流行最广的第七十五首，名字为《一天，我将她的名字写在海滩上》"One Day I Wrote Her Name upon the Strand）"。

爱情具有伟大与神奇的力量，两个真心相爱之人，他们所思所想，所做的一切都可理解，哪怕只是一件非常平凡的事情，对他们也具有非凡的意义。爱情，可以为了对方赴汤蹈火，可以为对方奉献一切，更希望对方拥有最美好的所有，不单止是眼前，而是长长久久，永永远远。

碧海柔沙写汝名，翻腾卷浪瞬间平。
夕沉又刻缠绵意，潮涨再消惆怅情。

一天，当斯宾塞和爱人在海边散步，他把爱人的名字写在平坦、洁净的海滩上，那是一种爱意的体现，他希望他们的爱情天地可鉴，日月为证！可惜，翻涌的海浪扑打过来，瞬间就把他写的名字冲刷得一干二净，爱情的印记转眼无影无踪；他灵机一动，待退潮以后，他又把爱人的名字写在海滩上，这一次，停留的时间是久了一点，可是，第二天早上涨潮了，他赶来发现潮汐又把名字冲刷而去，他不禁陷入了淡淡的痛苦与悲伤！

万物人间皆泯灭，余躯世上亦衰荣；
怜君枉费徒劳力，念我初心望永生。

就是这么小的事情也可以令人忧伤，他这么做，无非是想让证明他们爱情的物证可以停留长久一点，可是，却总被自然无情地抹去。他的爱人当然理解他的心情，所以安慰他说，可怜的斯宾塞！这么做是徒劳无用的，世间的一切东西都会腐烂消失，没有任何事物会永生永存，包括我们自己也会有离去的一天，更别说你想留住一个名字了！

莫论千尘终坠土，吾言百代可传声；
镌诗美德彰相映，镂石繁星互灿明。

斯宾塞却有办法，他争辩着安慰爱人说，并非如此！他也明白，世上的一切都终会死亡、磨灭、消失，就算把名字融在海里，刻在石上，海也可枯，石也可烂，可是我可以让你，可以令我们的爱情名存千古，永世不灭！他的方法——

当然，就是写诗了，他把这一切写成这首经典的爱情小诗，而且，他做到了，让他们的爱情成为经典，在世间被吟咏，传唱，永不泯灭。

不惧阎王随赴去，欣然埃莫总逢迎。
旧泉但使经春涌，日月长存不负卿。

斯宾塞的高明之处是，他没有把爱人的名字直接写进诗里，而是用了第三人称——她。这样，诗一下子就变成了广泛的含义，辐射一切热恋中、失恋中人，都可以感同身受，产生共鸣，青年人可以浪漫，中年人可以感慨，老年人可以追思。世间的爱情，本尊如此。

这首十四行诗我以七排律译释，把第三人称改成第二人称——你。直接的倾诉，似乎有一种更加直接的倾诉之感，其实，为爱做的一切天地都可见，无论是在海滩上写名，还是在纸上写诗，天地曾见，日月共证，物体虽然消失，爱的记忆却永存。

最后，让我来公布这首诗里曾被数次写在海滩上的那个她的名字——伊丽莎白·铂丽（Elizabeth Boyle），她，就是斯宾塞的恋人与妻子，一生或永生，终不相负。

"旧泉但使经春涌，日月长存不负卿。"

2019.04.04
《五百首经典英文诗》第 31 首

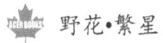

（八）

The wife of Usher`s Well

Anonymous

There lived a wife at Usher's Well,
And a wealthy wife was she;
She had three stout and stalwart sons,
And sent them o'er the sea.

They hadna been a week from her,
A week but barely ane,
Whan word came to the carlin wife
That her three sons were gane.

They hadna been a week from her,
A week but barely three,
Whan word came to the carlin wife
That her sons she'd never see.

'I wish the wind may never cease,
Nor fashes in the flood,
Till my three sons come hame to me,
In earthly flesh and blood.'

It fell about the Martinmass,
When nights are lang and mirk,
The carlin wife's three sons came hame,

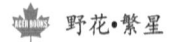
野花·繁星

And their hats were o' the birk.

It neither grew in skye nor ditch,
Nor yet in any sheugh;
But at the gates o' Paradise,
That birk grew fair eneugh.

'Blow up the fire, my maidens,
Bring water from the well;
For a' my house shall feast this night,
Since my three sons are well.'

And she has made to them a bed,
She's made it large and wide,
And she's ta'en her mantle her about,
Sat down at the bed-side.

Up then crew the red, red cock,
And up and crew the gray;
The eldest to the youngest said,
 'Tis time we were away.'

The cock he hadna crawd but once,
And clapped his wings at a',
When the youngest to the eldest said,
 'Brother, we must awa.'

'The cock doth craw, the day doth daw,
The channerin' worm doth chide;
Gin we be mist out o' our place,

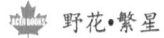

A sair pair we maun bide.'

'Fare ye weel, my mother dear!
Fareweel to barn and byre!
And fare ye weel, the bonny lass
That kindles my mother's fire!'

酒保之妻

【英】无名氏

据说她嫁给一个酒保
变成三个孩子母亲
她想让男孩们更坚强
就送他们参加海军

才离开一个星期
还没来得及上战场
一封信就送回家乡
他们已光荣献身海洋

一个晴天霹雳的消息
一个悲伤欲绝母亲
上天为何如此待我
我本是善良酒保之妻

一整夜风呼呼刮过
犹如海浪奔腾巨波
我梦见孩子回来看我
生龙活虎英俊挺拔

欢迎圣马丁节回家
尽管夜很长又黑暗
酒保之妻泪朦胧
孩子戴海军帽真潇洒

桦树既不在天上
也不是委屈长在沟壑
伫立在天堂口地带
永远都会平静快乐

"拨亮一点那温暖炉火
斟满我杯亲爱酒保
今夜我要盛宴来款待
因三个孩子一切安好！"

她急忙张罗动手
做了几个家常菜
也不知道合不合口味
他们总说谢谢你妈妈

他们吃完总是围着我
陪我逗乐捶肩按腰

老大对老幺严肃地说
"有一天我们要上战场！"

既然是男孩子
就要有大丈夫的志气
老幺对老大勇敢地说
"我们永远并肩一起！"

可惜时光慢慢流过
酒和菜都还摆放原地
假如生活可重回头
任何苦难都不哭泣！

再见吧妈不难过
尽管哭干所有眼泪
老幺对妈妈温柔地说
"我们永在你身边依偎！"

公鸡咯咯打鸣报晓
黎明划破村庄沉睡
老二对妈妈沉默不说
坚毅得像一座堡垒

妈站起来不难过
你们是妈的好小孩
迷雾笼罩了一切
我们要学会忍耐等待

我有一天也到天堂地
你们还要做我的花儿
我还是你们的妈妈
你们还是我好好孩儿！

2019.04.14

【赏析】

  这是一首古老的歌谣（Ballad），创作于1803年。作者无名氏，源自英格兰，更确切地说是苏格兰，流行于欧洲甚至流传到北美。

  所谓歌谣，就是能唱的词，诗歌的母体。这一首也归属于儿童歌谣，讲的是一位来自Usher Well（地名）这个地方的妻子和母亲，把自己的三个儿子送去海军，歌谣里面只说是送到海边，当然可以想象是参军，很不幸的是，才去了一个星期，三个儿子全部命丧海上。可怜、悲伤的母亲因为思念过度，幻想不息的风，不止的浪把她的孩子送回家里与她团聚，她在圣马丁节这一天，准备了可口的饭菜，虽然在幻觉中与三个儿子归来的鬼魂一起度过，回忆起以往快乐的时光，是那么的幸福快乐！可是，饭菜都已凉，酒食都还摆放在那里，一动未动，显然儿子不是她想象的以鲜活之躯回来共度佳节，可怜、凄凉的酒保之妻不得不接受那残酷的现实。

  Usher是侍者，招待员之意，在这里译成酒保，一是为了押韵，二是觉得比较适合歌谣的原意。后来成为地名，不知是不是因为这个母亲悲伤的故事才得此名？歌谣里面的帽子是桦树条编织的，原意是保护死者，让他们不被活着的影响，而且是用长在天堂门口的桦树枝条做的。在这里译成海军帽，因为他们是参加海军不幸丢了性命，戴着海军帽也更贴切。

　　此歌谣有诸多版本，如轻摇滚民谣先锋 Steeleye Span 1975 年的专辑《沿着我的帽子》里收集有这首作品，还有 Andreas Scholl 的专辑《陌生者的徒步旅行》，Karine Polwart 的专辑《花儿集市》，现代民谣乐队 Bellowhead 专辑 *Broadside* 等，当然还有相当多的古老的版本。因为比较喜欢 Martin & Eliza Carthy 演唱的版本，所以照他们的来译释，一把吉他，一把小提琴，比较快速的节奏把一个悲伤的故事娓娓道来，凄惨的情绪中夹带一丝坚强、快乐的意味。酒保之妻后来被耶稣祝福，死后也到了天堂，与她的孩子们团聚，也算是一个圆满的结局。

　　这首歌谣之所以被流传、传唱这么久，因它表达了人世间纽带最紧密的母子之情。母爱是伟大的，从古至今，从今至将来，永无改变。

2019.04.18
《五百首经典英文诗》第 7 首

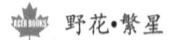 野花·繁星

(九)

Shall I compare thee to a summer's day?

By William Shakespeare

Shall I compare thee to a summer's day?
Thou art more lovely and more temperate.
Rough winds do shake the darling buds of May,
And summer's lease hath all too short a date.
Sometime too hot the eye of heaven shines,
And often is his gold complexion dimmed;
And every fair from fair sometime declines,
By chance, or nature's changing course, untrimmed;
But thy eternal summer shall not fade,
Nor lose possession of that fair thou ow'st,
Nor shall death brag thou wand'rest in his shade,
When in eternal lines to Time thou grow'st.
So long as men can breathe, or eyes can see,
So long lives this, and this gives life to thee.

夏州

【英】威廉·莎士比亚

　　视汝如春夏媚？胜画仪容态美。煦风轻颤娇芽，五月嫣然香蕊。苦短暑辰，骄阳似火明眸，转瞬云藏委靡。易失惟其丽。
　　吾算天机，佳景终将不逝。卿本质洁，人间自尔难弃。一阕清词，长存必有歌吟，超越世俗生死。

1. 我是否该将你比作一个夏日？
2. 你却比夏还要更可爱、更温和。
3. 狂风常把五月娇嫩的花蕊吹失，
4. 与夏赊来的期限未免太飞逝如梭，
5. 有时天目的光芒使人酷热难当，
6. 但更经常的是它的金颜瞬间暗淡，
7. 而每一代的美均会凋零消亡，
8. 也许偶然，或是自然无常变化之经验：
9. 然而，你的长夏将永不消退，
10. 你拥有的美貌也将不会失去，
11. 或死神敢夸口你徘徊在它阴影里，
12. 当你在永恒的诗行里存于时宇，
13. 　　只要人依然能视，生命便依然延续，
14. 　　即这诗能长存，并赐予你生命之绿。

【赏析】

　　威廉·莎士比亚，英国乃至全世界最伟大的戏剧作家和诗人。一生创作了154首十四行诗，这是第十八首，一首关于五月，关于春夏，关于爱情，关于幻灭，也关于永恒的诗。

　　本诗选了宋词牌《夏州》来翻译，又名《斗百花》，八十一字，仄韵。柳永《乐章集》注正宫。王仁裕在《开元天宝遗事》中描述："长安士女春时斗花，戴插已奇花多者为胜，皆用千金市名花植于庭苑中，以备春时之斗也。"从中可想见，盛唐长安春夏时流行一时的斗花欢乐、热闹的场面，那是五月的季节，人间最美的季节，也是最易消逝的季节。

　　"视汝如春夏媚？胜画仪容态美。煦风轻颤娇芽，五月嫣然香蕊。"深爱中的诗人突发奇想，自问是否可以把心上人比拟成明媚的春夏之日？因她的美，那么自然，那么柔和，犹胜仪态万千的仕女图，春天刚萌发的嫩芽，刚绽开的花蕊，人间最美的时光，莫过于春的柔，夏的烈，诗人把这最美好的想象献给他的爱人。

　　即使是用了世间最美好的季节来比喻，诗人也不是直愣愣地用陈述句来表达，而是委婉的用了一个问句，是不是，该不该……？译成宋词虽然省略了是不是，该不该，只用一个问号，但其意还在，显得更简洁；虽然是充满疑惑的犹豫，它所产生的诗意和力量却比肯定的语气来得婉转深情、雷霆万钧。

　　可是，刚刚体会了满满的甜蜜的幸福，诗的意境却突然急转直下，"苦短暑辰，骄阳似火明眸，转瞬云藏委靡。易失惟其丽。"春夏虽美，却极其短暂，刚还骄阳明眸，转瞬便被乌云遮蔽，一切美好的东西，均是如此，极易失（逝）去其美，犹如这春夏之日。诗人用了极其贴切的物象来比拟

野花·繁星

他的爱人，包括快乐美好的一面，也包括令人悲伤的一面。

诗意就到此为止的话，这首诗就不会成为经典之作，诗人的笔又一转，又急转直上！"吾算天机，佳景终将不逝。卿本质洁，人间自尔难弃。"聪慧的诗人悟透天机，尽管如此，他写道，爱人，不必灰心，一切的美好都不会逝去！你是那么的纯洁，那么的美，但不会如春夏一般悄然逝去，你在这天地间存在过，我们的爱在这天地间发生过，也必将永远地存在下去。

"一阕清词，长存必有歌吟，超越世俗生死。"诗人把他的爱，他的爱人写进他的诗行里，只要这人间还有人呼吸，还有人阅读，只要这人间还有生命，就必定还有人歌咏他写的诗句，他们的爱情，所以，爱会超越世俗的生死。

请参阅另翻译的一首埃德蒙·斯宾塞诗作——《汝名》，异曲同工，如出一辙；也只有巨匠如斯宾塞、莎翁，才敢于如此写一首十四行诗，咏叹出一份永恒的爱情。

附柳永词作《斗百花》欣赏：

煦色韶光明媚。轻霭低笼芳树。池塘浅蘸烟芜，帘幕闲垂飞絮。春困厌厌，抛掷斗草工夫，冷落踏青心绪。终日扃朱户。

远恨绵绵，淑景迟迟难度。年少傅粉，依前醉眠何处。深院无人，黄昏乍拆秋千，空锁满庭花雨。

2019.05.02
《五百首经典英文诗》第 45 首

(十)

On His Blindness

By John Milton

When I consider how my light is spent,
Ere half my days in this dark world and wide,
And that one talent which is death to hide
Lodged with me useless, though my soul more bent
To serve therewith my Maker, and present
My true account, lest he returning chide,
 "Doth God exact day-labor, light denied?"
I fondly ask; By Patience, to prevent
That murmur, soon replies, God doth not need
Either man's work or his own gifts; who best
Bear his mild yoke, they serve him best. His state
Is kingly; thousands at his bidding speed
And post o'er land and ocean without rest:
They also serve who only stand and wait."

寄失明者
（七排律）

【英】约翰·弥尔顿

怅顾明尘骤似烟，余生暗翳在跟前。
天资弃我恍如死，侍主灵魂岂敢眠？
造化能容吾笔秀，卑微且尽责思贤。
深涵浸渍显神迹，浅涉诚心蕴道篇。
人事何须皆供奉，帝王惟望用情专。
登山过水永无息，静默幽观者亦然。

当我思虑我的光明是怎样花费的，
呃……我半生的日子处在黑暗旷野中，
那一个才华横溢的人被死亡藏入深宫，
无所事事地枯坐，尽管我的灵魂更压抑。
为侍奉我的造物主，我虔诚地献出
我所有的才能，让他尽少地亲躬，
"上帝真的在日间劳作，拒绝目矇？"，
我天真地问，充满耐心，避免言失，
一阵嘟哝之后，很快传来回答，"上帝不须
凡人的作品或礼物，只要他尽心
遵循他的教导，他们全力侍奉。他的存在
是国王式的；是以速度一千珠

去撒播给大地和海洋，从不安息解襟；
他们也侍奉那些人——静默和等待。

【赏析】

这是一首约翰·弥尔顿写给自己的诗。

约翰·弥尔顿（1608-1674），英国诗人，思想家，被公认为英国第二伟大诗人，仅次于莎士比亚，生于伦敦一个富裕的清教徒家庭，在剑桥接受教育。

这是一首十四行诗，采用的是被称为意大利式的 ABBA ABBA CDE CDE。弥尔顿虽然才华横溢，但在事业和婚姻上并不顺利和幸福。1642 年，他的第一次婚姻娶的是当时只有十七岁的玛利·普威尔，六个星期后，无法处理好婚姻生活的玛利回到了她父母的家，弥尔顿写信要求离婚。但最终他们还是和解了，玛利为弥尔顿生下了四个孩子，其中一个生下没多久就夭折了。

弥尔顿曾多次写一些论述离婚的小册子，1644 年，因为这类小册子，再次被国会招去质询，恼怒之际，慷慨陈辞，诞生言论出版史上里程碑式的文献——《论出版自由》。但这次充满激情和思辨的演讲在当时并未引起太大的反响，出版许可制度在半个世纪后才在英国叫停。不过，由于美国独立战争和法国大革命，弥尔顿的思想逐渐被世人认识并受到推崇。《论出版自由》被译为多钟文字，流传开来。

《寄失明者》是弥尔顿与自己灵魂和心灵的对话。他的视力一直有问题，最后面临着彻底失明的残酷现实。失明就要进入一种终日与黑暗为伍的状态，可想而知弥尔顿的心情是怎么的痛苦与愤懑。

"怅顾明尘骤似烟,余生暗翳在跟前。"他在第一句就写到,"当我回顾那些被我挥霍掉的光明的时光",有一种往事如烟,无限惆怅的感觉;而现在自己就要面对即将进入到一个完全黑暗和空洞的失明世界,那将是半生的时间啊!难道我那份本尚可炫耀的写作才华,也将会从此弃我而去,随着失明被埋藏死去了吗?我将彻底变成一个毫无用处的废物了吗?

"天资弃我恍如死,侍主灵魂岂敢眠?"弥尔顿是一个对《圣经》很有研究的基督徒,在这里的"Talent."当然是指他的非凡的写作才能,引用的是马修25第十四到三十的寓言故事,说上帝有一次去旅行,把"Talent."根据个人的能力分给三个仆人,第一个和第二个各得了五个和三个,而且他们利用得都很好,才能都有所增长;而第三个仆人却把上帝给自己的唯一一个"Talent."——金钱,埋进了沙漠底下,没有好好利用来投资从而增值,上帝回来表扬了前面两个仆人,责怪了第三个,弥尔顿是借用第三个仆人的故事,意指自己像第三个仆人,写作才能将随着失明而被埋葬,再不能好好运用。

"造化能容吾笔秀,卑微且尽责思贤。深涵浸渍显神迹,浅涉诚心蕴道篇。"但他又知道灵魂更加谦恭,特别在侍奉上帝上要全心全意,要做到最好回报上帝,以免上帝回头责罚,不禁问道:"主啊!难道只有光明的时候才能做你分配给我的工作吗?"他的灵魂没过多久就回答了:"主不需要你们刻意的人力、事物上的侍奉,只要你们心灵上诚心诚意的相信,体会到他的温和宽大,就是对他的最好的服侍,无论你是可以看见,可以跨过千山万水的,还是失明,只能静坐等待巡视内心黑暗世界的,都是一样啊!"

"人事何须皆供奉，帝情惟望用情专。登山过水永无息，静默幽观者亦然。"其实，眼睛睁开的时候，我们看到只是眼前的景物，而且很容易被纷繁的事物迷惑分心，不容易看到世界的本质；而当我们闭眼静坐默想的时候，神思反而可以恣意遨游，虽然在黑暗之中，却可以看见遥远的过去、清晰的现在和无限的将来。

所以现在提倡每日花一点时间闭眼打坐入禅，反观自己的内心，与灵魂、心灵对话。海伦·凯勒说："假如给我三天光明。"，我想说："不妨每天给我十分钟失明。"

荷马在失明中写出了《荷马史诗》，贝多芬、阿炳在失明后写出许多不朽的乐章。

1654 年，弥尔顿彻底失明，而双目失明之后，他才写出了让他名垂青史的三部不朽的伟大诗集：《失乐园》、《复乐园》和《力士参孙》。

2019.05.08
《五百首经典英文诗》第 135 首

(十一)

Since There's No Help, Come Let Us Kiss and Part

By Michael Drayton

Since there's no help, come let us kiss and part;
Nay, I have done, you get no more of me,
And I am glad, yea glad with all my heart
That thus so cleanly I myself can free;
Shake hands forever, cancel all our vows,
And when we meet at any time again,
Be it not seen in either of our brows
That we one jot of former love retain.
Now at the last gasp of Love's latest breath,
When, his pulse failing, Passion speechless lies,
When Faith is kneeling by his bed of death,
And Innocence is closing up his eyes,
Now if thou wouldst, when all have given him over,
From death to life thou mightst him yet recover.

野花·繁星

爱之诀别

【英】迈克尔·德雷顿

蜡烬成灰过往情,何妨一吻各前行。
缘消执手心由喜,诺逝随风身顿轻。
他日相逢眉淡淡,如今别诀脉嘤嘤。
忠贞双膝跪亡榻,热血满腔喉失声。
闭眼天真神怠倦,松肩弱体世抛倾。
卧床奄息伊将朽,惟汝垂怜唤死生!

2019.12.23

既然一切已无可挽回,来吧,那就让我们吻别;
不,我已经受够了,你从我这将一无所获,
而且我很快乐,是的,满心欢喜,兴高采烈
那是那么明显,从此我将可自由地呼吸;
挥手告别吧,永远的!取消我所有的誓言,
而当在任何时候,我们重又相见,
那份喜悦既不浮现在你的,也不在我的眉间,
我们曾有过的爱,哪怕只保留那么一点浪漫;
现在,在爱的最后一口气,一息尚存之际,
当她的脉搏消失,热情无语地躺下,
当信念在她的死亡之床前跪地,
并天真清白闭上百合一般的双眼的话,

这一刻如果你愿意，当他被整个世界抛弃了，
你仍然可将他从死里往活回召。

【赏析】

迈克尔·德雷顿(Michael Drayton，1563‐1631年)，文艺复兴时期欧洲英国著名诗人，生活于伊丽莎白一世时代，他多才多艺，一生致力于创作十四行诗、田园诗和其他体裁的诗歌，能够熟练自如地使用当时流行的各种诗歌体式，去世后被葬于威斯敏斯特教堂"诗人角"。

他与莎士比亚一样，出生在沃里克郡(Warwickshire)，1590年左右定居在伦敦。

主要作品有长诗《多福之国》(Poly-Olbion)(1613‐22年)，洋洋洒洒30000行，描绘了"著名的不列颠岛"的美丽风光和光荣历史。《阿金库尔歌》(The Ballad of Agincourt)是一首令人振奋的战歌，丁尼生在创作《轻骑旅的冲锋》时，就采用了这首诗的节拍。

这首诗发表于1619年，是一首典型的十四行诗。灵感来自作者老板的女儿安·古德尔，收录在他的诗集《印象》（Idea）中，也许是记录作者与佳人的一段刻骨铭心之恋。表达的是一种很微妙的爱的感情，一对曾经深爱的恋人，由于一方的绝情离去，引起另一方的无限痛苦，但这种痛苦在一切皆无能为力之下，又只能化为无所谓的态度，表面上假装轻松洒脱，其实内心垂死挣扎不已。

"蜡烬成灰过往情，何妨一吻各前行。"，既然爱之烛已经燃尽，既然一切化为灰烬，已无可挽回，何不让我们轻轻吻别，各自走向一条新的道路？

"缘消执手心由喜，诺逝随风身顿轻。"，爱情的结束让我高兴，有一种终于解脱了的感觉，以后我们只是握手的朋友了，所有的誓言也随风而去，从此互不相欠，我感到无比的轻松和自由。

"他日相逢眉淡淡，如今别爱脉嘤嘤。"，以后如果我们再相见，彼此的眼中眉上都清淡到再没有前缘旧情的一丝一缕痕迹。可是！（转折处）在现今的诀别之时，她（指"爱情"，诗人采用中世纪寓言手法，将之拟人化）的脉搏却忽然嘤嘤而泣，微弱起来，甚至消失。

"忠贞双膝跪亡榻，热血满腔喉失声。闭眼天真神怠倦，松肩弱体世抛倾。"，这四句是具体描写爱情——伊濒临死亡的状态，曾经多么忠贞的她现在跪在死亡之榻前，曾经多么汹涌澎湃的激情现在喉咙哑了发不出声音，曾经多么纯洁犹如百合花的眼睛也困倦得闭合上了，曾经多么仪态迷人的丰肩玉体也将被世界抛弃！

"卧床奄息伊将朽，惟汝垂怜唤死生！"，奄奄一息的伊（爱情）躺在床上，就要死去，成为腐朽之躯。可是啊！惟有，也只有你，如若愿意发怜悯恻隐之心，还可以将那可怜的，濒临死亡的爱情拯救过来，让伊奇迹般起死回生！

2019.12.24 平安夜
《五百首经典英文诗》第 42 首

(十二)

Tichborne's Elegy

By Chidiock Tichborne

My prime of youth is but a frost of cares,
My feast of joy is but a dish of pain,
My crop of corn is but a field of tares,
And all my good is but vain hope of gain;
The day is past, and yet I saw no sun,
And now I live, and now my life is done.

The spring is past, and yet it hath not sprung,
The fruit is dead, and yet the leaves are green,
My youth is gone, and yet I am but young,
I saw the world, and yet I was not seen,
My thread is cut, and yet it was not spun,
And now I live, and now my life is done.

I sought my death, and found it in my womb,
I looked for life, and saw it was a shade,
I trod the earth, and knew it was my tomb,
And now I die, and now I was but made;
My glass is full, and now the glass is run,
And now I live, and now my life is done.

青春挽歌
（七律）

【英】齐迪欧克·蒂奇伯恩

青峰顶上结严霜，华席盈盘皆郁肠。
草没良田心祷月，命悬方宇眼盲阳。
春芽已折叶人碧，断线早垂机布荒。
生地为坟余幻影，永翻沙漏我已亡。

青春挽歌
（现代诗）

【英】齐迪欧克·蒂奇伯恩

我青春之顶峰上只结着寒霜
我欢乐的华席上只盛着痛苦一盘
我青葱的麦田被野草霸占
而我却还对收获抱有徒劳的希望
白昼消逝了，我却仍未见太阳
此刻，我还活着，但我的生命却是一片黑暗

春天已然过去，但萌芽早已夭折
果实停止生长，惟有绿叶依旧

青春已然逝去，可我还未老去
我看得见世界，世上却寻不到我的踪迹
我的生命之线已断，但它还未纺成
此刻，我还活着，但我的生命正是一片黑暗

我死在了这片土中，那是育我的子宫
我对生活满怀期待，那一切皆是幻影
我行走在这土地上，那是葬我的坟冢
此刻，我已死了，但我的生命从未迎来曙光

沙漏已满，它永远在翻转
此刻，我还活着，但我的生命已是一片黑暗

【赏析】

要读懂这首诗，首先让我们来了解作者的身世。

齐迪欧克·蒂奇伯恩（Chidiock Tichborne，1568-1586），1568年出生于英国的一个显赫的罗马天主教家庭，并信奉罗马天主教；按维基资料，诗人生于1562年，也就是说，被处死时不是十八岁，而是二十三、四岁，但均无实证，这里采用哈门先生的编注。

信奉新教的伊丽莎白一世女王把罗马天主教列为违法宗教，并禁止英国公民信奉和举行宗教活动，由此在英国引发了罗马天主教徒的反抗。蒂奇伯恩因卷入了反对并预谋暗杀伊丽莎白一世的运动中，十八岁时被冠以宗教违规的罪名囚禁于伦敦塔中，不久被处以死刑。年轻的生命就此凋零。

蒂奇伯恩临终前几天于伦敦塔中创作了这首诗。

本诗最吸引人的是——句句悖论。每句话的矛盾对比都强调了青春的希望和死亡的无奈，生动地表现了诗人当时的处境，并最大化了悲伤的情感。

我们来看第一句"青峰顶上结严霜，华席盈盘皆郁肠。"，象征着青春翠绿葱郁的峰顶上，却结满了一片片寒气逼人的严霜；在青春这场华丽的宴席上，摆着的不是欢乐、美味的美酒佳肴，取而代之的却是一盘盘郁结之至的愁肠。正值青春年华，本该如春夏一般充满生机和活力的青春啊，非但没有，反而处在另一个对立面，彷如寒冬腊月，青色的山峰上是阵阵严寒，本该是一场可以任意挥霍的青春盛宴，非但不是，上席的反而是令人烦愁的菜式。

"草没良田心祷月，命悬方宇眼盲阳。"良田，本应是庄稼茂盛的田地，就像我们的青春，应是生机勃勃，充满丰收和未来的希望，可是，现在却被荒草淹没了，诗人向月祈祷的只能是徒劳的希望（原诗没有月的意象，为了七律的对仗所以添加了月）；所有的日子即将过去，因为命已经悬在天上，而诗人慨叹还没有看见真正的太阳。

下面一联"春芽已折叶人碧，断线早垂机布荒。"，用春芽表示青春，这里果的意象换成芽，因为春芽和碧叶更为对立，果实毕竟已经长成了，尽管还是人碧如叶，毕竟像春芽一样就要夭折；诗人青春的线，本来要用岁月的纺机织出美丽的锦缎，可惜还没开始就已经被剪断了，垂下了，荒芜了！多么令人唏嘘！

尾联"生地为坟余幻影，永翻沙漏我已亡。"这里"womb"本来指的的是子宫，喻为生于斯，现在却也是死于斯，生地变成坟地，曾经在这片土地行走，奔跑的地方，以后只剩下了一个幻影；"glass"是指一个玻璃容器，曾经装满了，也一直不停地漏失，比喻生命的不断流失，在青春的时候就要结束，这个意象与中国的沙漏这种计时器最吻合，沙漏在不停地漏不停地计时，似乎人生还有很长很长，可是，诗人年轻的生命就要死亡，就要消失。

诗题下哈门先生特地写了一句：《青春挽歌》是诗人在伦敦塔亲手写下的，在他被处死的前夕。

本诗的语言也简约朴素，历经半个世纪语言的变迁，仍然能通俗易懂。只有这样的文字才有如此强大的生命力，承载着诗的悲伤，诗人的悲剧，令世人悲悯。

简约不一定是简单，朴素更不是平淡。诗人运用了简单的词汇——每个英文单词都是单音节词汇。但是这些单音节的英文词汇聚集到一起，却形成了巨大的力量，句句押韵，巧然天成。令人读过之后，耳畔还回荡着诗歌的旋律。

哈门先生按：蒂奇伯恩于1586年9月20日被绞死并被分尸。他死于秋分之前——在诗的第一句峰顶上的寒霜，也许就是诗人已经预感到秋冬的寒意。而且后人已经注意到，这首诗不多不少，恰好十八句，每一句代表诗人在人世间的一年，更神奇的是，整首诗刚刚好180个单词！是天工巧合，还是诗人故意为之，无人问矣！

2020.12.27 完稿
《五百首经典英文诗》第79首

(十三)

Spring

By Thomas Nashe

Spring, the sweet Spring, is the year's pleasant king,
Then blooms each thing, then maids dance in a ring,
Cold doth not sting, the pretty birds do sing:
Cuckoo, jug-jug, pu-we, to-witta-woo!

The palm and may make country houses gay,
Lambs frisk and play, the shepherds pipe all day,
And we hear aye birds tune this merry lay:
Cuckoo, jug-jug, pu-we, to-witta-woo!
The fields breathe sweet, the daisies kiss our feet,
Young lovers meet, old wives a-sunning sit,
In every street, these tunes our ears do greet:
Cuckoo, jug-jug, pu-we, to-witta-woo!
Spring, the sweet spring!

眼儿媚
——春

【英】托马斯·纳什

东君驾到带春柔。催醒百花眸。舞娘眼媚，峭寒舒骨，俊鸟叽啾。

绿棕五月姿容翠，乡舍愈清幽。羔羊漫戏，牧童声笛，雀鸟啼悠。

疏风田野酝绸缪。菊足吻含羞。卧闲老妪，恋人甜蜜，万巷相雠。

春

【英】托马斯·纳什

春，轻柔的春，一年中欢乐的东君；
催醒百花，舞娘曼舞，
春寒不袭人，美丽的鸟欢鸣。
咕咕——啾啾——叽叽——啁啁！

五月绿色的棕榈，令农舍安详幽静，
羊羔嬉戏奔跑，牧笛终日悠扬
百鸟齐唱，歌声谐婉四处飘荡，

咕咕——啾啾——叽叽——嗵嗵！

清风在四野漂荡，邹菊亲吻脚掌，
恋人们互诉衷肠，老妇坐嗮春阳
大街小巷，总有歌声在耳畔荡漾
咕咕——啾啾——叽叽——嗵嗵！
春，轻柔的春！

【赏析】

  托马斯·纳什（1567-1601），英国小册子作家、剧作家、诗人，是伊丽莎白时代活跃于伦敦戏剧界的"大学才子"之一。14岁进入剑桥大学，主修哲学和拉丁文，1586年获学士学位。

  本诗选自纳什的剧本《夏天最后的遗嘱》。该剧人物均以四季命名，春天便是其中一个人物。本诗抒发了春天给大地带来的盎然生机和喜悦之情。

  本诗用词朴实，节律和谐，意境优雅堪画。纳什以诗人特有的敏感和观察力，从形态、声音、色彩和气味等各个侧面把春回大地的景象全方位的展示出来。诗歌开头，诗人以芬芳的气息开头，颇具独创地把春天比作快乐的帝王。接着，他从百般红紫的鲜花写到翩翩起舞的姑娘，从隔叶啭鸣的小鸟写到满山奔跑的羊羔，从相亲相爱的青年男女写到太阳下悠闲自得的老妇。每一片田地，每一条街道，每一朵小花，每一个躯体在春日的阳光下所发生的变化都不曾逃不过诗人敏锐的目光和细腻的观察力。

  朗读本诗，会自然地受到诗人乐观向上的情绪的感染，产生一种如临其境的感觉，从而迸发出对生活、大自然和人类的热爱。值得注意的是，诗人在每一小节的末尾都加上各种鸣禽的啼唱。更使诗歌增添了一份活泼热烈的气氛和浓郁的生活气息。

【注】

选用了词牌《眼儿媚》（四十八字，平韵，别名《小栏杆》，《东风寒》，《秋波媚》），本只有两阕，原诗有三段，多加一阕。

虽然前面还有漫长的冬天，但时局如此糟糕，已经开始想念春天，遂选此诗译来，权且寻些安慰和力量。

雠(chóu)：形声，从言，本义应答。

2020.12.29

《五百首经典英文诗》第78首

(十四)

They Flee from Me

By Sir Thomas Wyatt

They flee from me that sometime did me seek
With naked foot stalking in my chamber
I have seen them gentle, tame, and meek
That now are wild and do not remember
That sometime they put themselves in danger
To take bread at my hand; and now they range
Busily seeking with a continual change

Thanked be fortune, it hath been otherwise
Twenty times better; but once in special,
In thin array after a pleasant guise,
When her loose gown from her shoulders did fall
And she caught me in her arms long and small,
Therewithal sweetly did me kiss,
And softly said, Dear heart, how like you this?"

It was no dream: I lay broad waking.
But all is turned thorough my gentleness
Into a strange fashion of forsaking
And I have leave to go of her goodness
And she also to use newfangleness
But since that I so kindly am served
I fain would know what she hath deserved.

声声慢

【英】托马斯·怀亚特

　　前情欲觅。遁遁逃逃，温温软软戚戚。已远将离时候，忽如安息。穿房裸足倩影，掌上飘、越窗风急。却待又，再重寻、变幻万端难识。

　　旧债思丝堆积。长玉臂、青衣落清辉溢。吻味萦留，夜独怎消得黑。柔心竟失若此！梦中听、答答滴滴。也罢了，恕则个、她偌值得。

【赏析】

　　Sir Thomas Wyatt（托马斯·怀亚特爵士，1503?-1542），十六世纪英国政治家、外交家和抒情诗人，亦译为魏阿特或华埃特。出生在一个贵族家庭，受教育于剑桥，被亨利八世聘为用膳侍臣和教师；英国文艺复兴时期新诗歌的第一位代表，将诗歌赋予技巧化，第一个引用意大利体和写十四行诗之人，被誉为英国的彼特拉克（意大利著名诗人），是百年后非常流行的玄学派诗歌之鼻祖。他的诗在当时的宫廷中广为流传，但终其一生没有出版过。他去世十五年之后，第一本作品——与萨里等人合作的《陶特尔杂集》才得以出版，另一部是用三韵体写成的讽刺诗《论贫穷与富有》。

　　据说，他曾与宫廷女官安娜·铂琳相恋，后来铂琳做了亨利八世的继室，令他痛苦不已，为此写了许多以爱情为题材的诗歌，此首便是其一。

安妮·铂琳在和怀亚特交往的时候,脚踏两条船被发现了,怀亚特非常气愤,以至于在亨利八世在咨询他"娶安妮·铂琳这件事怎么样"的时候,便直言"安妮·铂琳是个坏女人"。亨利八世一怒之下,没让他再多说话就决定驱逐他两年(似是关进了伦敦塔);怀亚特在塔里写了一封信,讲了他被戴绿帽子的故事,亨利八世看了之后,立刻把他从塔里放了出来,并且更爱他了。传言为虚,诗却为实,无论怎样,这首诗表达的是寻觅一种刻骨铭心的爱之情,读来令人恻然。

本诗选择李清照的《声声慢》(九十七字,平仄两体)来译,因无论从内容还是韵律来说,都很契合。"觅"韵和"Seek"如出一辙,是主律,英诗虽有变化,宋词却非得一韵到底。除"摘"字不用外,其余皆次易安居士韵。

2021.02.20

《五百首经典英文诗》第24首

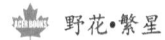

(十五)

With How Sad Steps, O Moon, Thou Climb'st the Skies!

By Sir Philip Sidney

With how sad steps, O Moon, thou climb'st the skies!
How silently, and with how wan a face!
What, may it be that even in heav'nly place
That busy archer his sharp arrows tries!
Sure, if that long-with-love-acquainted eyes
Can judge of love, thou feel'st a lover's case,
I read it in thy looks; thy languish'd grace
To me, that feel the like, thy state descries.
Then, ev'n of fellowship, O Moon, tell me,
Is constant love deem'd there but want of wit?
Are beauties there as proud as here they be?
Do they above love to be lov'd, and yet
Those lovers scorn whom that love doth possess?
Do they call virtue there ungratefulness?

(Sonnet XXXI)
From Astrophil and Stella

悲月
（七律）

【英】菲利普·西德尼

缓步升空白面容，蟾宫箭者术非庸。
爱眸善辨何情物，拙眼难明此雾凇。
沦落人间同为客，天涯对望每相逢。
痴郎失智娇人傲，轻德忘恩视正宗？

——选自《爱星者和星星》

迈着多么悲伤的步子，啊！月亮终升到了空中

【英】菲利普·西德尼

迈着多么悲伤的步子，啊！月亮终升到了天空
多寂静，多苍白的一副面容！
怎么？月宫中忙碌着的爱的射手
也正在将他的利箭舞弄！
真的么？如果长久以来洞察爱情的眼睛
能够识别真爱，我从你憔悴的面容
何以竟看出，你也在为爱情烦恼？

对同病相怜的我来说，你诉说了你的处境。
同是天涯沦落人，啊！月亮，请以实相告！
忠贞的爱情是否被看成缺乏理智？
天上的美人是否和人间的一样骄傲？
她们是否也渴望着被爱，但是，
又是那么轻视深爱着她们的痴情者？
她们是否也将忘恩当作美德予以回报？

2021.02.27 辛丑年正月十六

【赏析】

菲利普·西德尼(1554-1586)的魅力在十六世纪末、十七世纪初风靡英伦文学界，这荣耀不仅归因于他的诗歌，还荣及他的出生地——肯特郡的彭斯郝思特。虽然他只度过了繁忙而短暂的一生，却写下了一篇浪漫的散文，一部重要的诗歌论著，当然，还有许多优美的诗歌，而且，全是利用闲暇时间写成。

1586年，为援助荷兰对抗西班牙，在聚特芬（Zutphen）的小规模战争中，西德尼不幸因大腿中枪重伤，感染不治，於同年10月17日逝世，享年三十二岁。葬于圣保罗大教堂。

人，为情所困，竟可感染到周遭事物，甚远至天上物体。苍白、易变的月亮，便是被人们反复描写、抒发感情众多载体之一。惨淡的情怀，历久弥新，而且，永不过时。

——编者哈门先生按语

"缓步升空白面容，蟾宫箭者术非庸。"此诗以月为抒情之载体，看月、问月、悲月，进而悲己。在那个静谧的夜晚里，那一轮攀升的月亮，在诗人眼里，是迈着悲伤的步子，缓慢地爬上天空。古往今来，无论东方西方，看月的人们不知多少，这种拟人化的描述，只有悲伤的诗人才想得出来。但毕竟如何悲伤，月亮终于升到了空中，诗人又展开想象，蟾宫中那位善箭的射手（我想，就是那位大名鼎鼎的爱神丘比特了），又正在忙着舞弄他的弓箭吗？准备又射谁去呢？尽管他的射术不俗，而且经过这么长时间的磨练，他似乎应该有一双很善于辨别真爱的眼睛，可是我却更加迷茫了！因为，从月亮憔悴的面容中，可以看出你和我竟有一样的悲伤！

"爱眸善辨何情物，拙眼难明此雾凇。"难道你善辩情为何物的爱的眼眸，也变得拙劣，也看不清爱之中那重重迷离一般的雾凇了吗？

"沦落人间同为客，天涯对望每相逢。"月亮上的爱神丘比特啊！你用爱之箭射中了我，令我为了爱这么的悲伤，想不到你一样！天上人间，同样沦落为爱的受伤者，茕茕孑立，形影相吊，在天涯之角相互凝望。

"痴郎失智娇人傲，轻德忘恩视正宗？"既然同病相怜，你不妨对我直言，无论在天上还是在人间，难道痴情人都是这么地容易失去理智吗？天上的佳人们，难道也和人间的一样吗？也是那么的高傲，那么渴望被爱，又那么地轻视深爱她们的人吗？也是将忘恩视为一种回馈的美德吗？

爱情千古以来，一直是一个不可破解的谜题。

人生如月，月似人生。

另：很喜欢西德尼爵士诗集的名字《爱星者与星星》》（Astrophil and Stella），作为一个爱星者，他与星的关系，无论远近，无论拥有与否，都无关紧要，爱，才重要。

《五百首经典英文诗》第 33 首

 野花·繁星

(十六)

To Mistress Margaret Hussey

By John Skelton

Merry Margaret
As midsummer flower,
Gentle as falcon
Or hawk of the tower:
With solace and gladness,
Much mirth and no madness,
All good and no badness;
So joyously,
So maidenly,
So womanly
Her demeaning
In every thing,
Far, far passing
That I can indite,
Or suffice to write
Of Merry Margaret
As midsummer flower,
Gentle as falcon
Or hawk of the tower.
As patient and still
And as full of good will
As fair Isaphill,
Coliander,

Sweet pomander,
Good Cassander;
Steadfast of thought,
Well made, well wrought,
Far may be sought,
Ere that ye can find
So courteous, so kind
As merry Margaret,
This midsummer flower,
Gentle as falcon
Or hawk of the tower.

From The Garlande of Laurell

惜奴娇
——致玛姬

【英】约翰·斯凯尔顿

仲夏人花,似鹰隼、娴淑静。悲情绝,赋欢天性。处子如卿,善心地、音容磬。恭靖。愧吾笔、南山竹罄。

止水微澜,未风起、平如镜。如西碧,芫香袋净。缜密幽思,锻金缕、了无应。何赠。枉自看、孤鸿倩影。

2021.03.07 完稿

【赏析】

  约翰·斯凯尔顿(1460-1529)是英格兰国王亨利八世的导师，也是英国的一位桂冠诗人，但生前不为学院所封，身后方获盛名。他的诗被认为是散漫的，但却刻以辛辣、讽刺和幽默的印记。他也有别的风格，包括独特的有关宗教的诗篇，但最引人注目的特点是如这一首——短句、有力的节奏、如鼓的韵律、外分内实——也就是为世人所知的斯凯尔顿体。五个世纪以后，此种魅力、活力和胆力依然存活。

  ——编者哈门先生按语

  这是一首写给心仪女子的诗歌——《致玛格丽特小姐》，是本书收录约翰·斯凯尔顿的唯一一首。

  特点如哈门先生按语所描述，不再赘述。

  从诗中可看出，玛姬是一位极美、恬静、与世无争、性格极好的女子，几乎是不悲、不苦、只有淡淡欢乐，心地善良无比的奇女子，我能想到的可比人物是金庸笔下古墓派掌门人小龙女。

  "仲夏人花，似鹰隼、娴淑静。悲情绝，赋欢天性。处子如卿，善心地、音容馨。恭靖、愧吾笔、南山竹磬。"诗中第一个比喻就很出奇，若将心仪女子比为仲夏之花也就罢了，没想到接下竟将之比拟为猎鹰、塔上的猫头鹰！错愕之余，想想也是，鹰隼和猫头鹰都是极冷静、也极无情的动物，但又是无悲苦，却带淡淡欢乐天性的，向来只静静地站在一隅，与世无争，那双明亮的眼睛充满善良，绝无敌意，羽翼、风姿光鲜夺人，姿态却故意放得极低，给人一种静如处子、动如脱兔的感觉，极尽谦恭之媚，怪不得令作者自叹手中的秃笔，就算耗尽南山之竹，也不能描绘出她的美态风姿！

  "止水微澜，未风起、平如镜。如西碧，芫香袋净。缜密幽思，锻金缕、了无应。何赠。枉自看、孤鸿倩影。"下阕继续对心仪玛姬内心的描写，她的心境如止水微澜，似乎永无风起之时，平坦如镜。但真如此吗？起码作者不这么认为，他单相思地、多情地把玛姬想象成海普西碧莉（"Isaphill——Hypsipyle of Lemnos"），希腊神话中利姆诺斯岛的女王。

传说利姆诺斯岛上妇女因怠慢女神阿芙洛黛蒂而遭惩罚，女神使岛上妇女身传异味，男子见状纷纷躲避妇女，往外地寻欢，被忽视的妇女感到不满，便联手杀尽岛上男子，海普西碧莉将其父藏起。海普西碧莉被推举为女王，在她统治期间，"阿戈号"船的勇士经过此地，得到岛民的款待，勇士之一杰森也与海普西碧莉发生爱情，海普西碧莉生下一对双胞胎。后她保护父亲的消息泄露，引起众人愤怒，她只好带家人逃亡。

斯凯尔顿肯定将自己比作勇士杰森了，这种幻想的爱情犹如芫荽香草、香袋等物品一样诱惑着他，但玛姬的缜密心思，也如被锻造的金缕一样坚定，哪里可以轻易改变？城固若金汤，无处可寻攻破之处，似乎可以找到一处可以献殷勤的地方，也是被礼貌婉转地拒绝，了无回应！唉，玛姬你的爱情，将会赠给谁人呢？作者慨然长叹，美人如斯，却也只能远观，可望不可及也，也只能"枉自看、孤鸿倩影。"了！

选《惜奴娇》，七十二字，仄韵。《高丽史·乐志》云："宋赐大晟乐，内有《惜奴娇》。"，此牌符合原诗特点，短句多，节奏有力，如鼓的韵律。

《五百首经典英文诗》第 23 首

【注】

1. 磬：弯腰。表示谦恭，簪笔磬折。——《史记·滑稽列传》又如：磬折（弯腰；卑躬屈膝）；磬沼（形容曲折的池）

2. 靖：谦卑恭敬的样子，士处靖。——《管子·大匡》。【注】"卑敬貌。"又如：靖恭（恭敬谨慎）；靖共（敬慎谦恭。共，通恭）

3. 罄：用尽；消耗殆尽——《尔雅》；罄南山之竹，书罪未穷。——《旧唐书·李密传》；贫亦罄衣装。——清·方苞《狱中杂记》

4. 芫荽（yán sui）：一年生草本植物，通称"香菜"

（十七）

His Golden Locks Time Hath to Silver Turned

By George Peele (25 July 1556 – 9 November 1596)

His golden locks Time hath to silver turnd.
O Time too swift, O swiftness never ceasing!
His youth 'gainst time and age hath ever spurnd,
But spurnd in vain. Youth waneith by increasing.
Beauty, strength, youth, are flowers but fading seen,
Duty, faith, love, are roots, and ever green.

His helmet now shall make a hive for bees
And lovers' sonnets turne to holy Psalms.
A man at Armes must now serve on his knees,
And feed on pray'rs, that are Age his alms.
But though from Court to Cottage I depart,
His Saint is sure of mine unspotted heart.

And when he saddest sits in homely cell,
I'll teach my Swaines this Carrol for a song.
Blest be the hearts that wish my Sovereigne well,
Curs'd be the souls that thinke her any wrong.
Goddess, allow this aged man his right
To be your Beadsman now that was your knight.

— George Peele, "A Farewell to armes", Polhymnia,[32] 17 November 1590.

别女王陛下有赋

【英】乔治·皮尔（受洗于 1556.07.25——葬于 1596.11.09）

金发年华瞬转银，光阴速逝若飞轮。
英才砥砺维时弃，雄略登攀废岁珍。
荣耀花繁终殆谢，艰烦根扎究常新。
钢盔卸作育蜂殿，情调旋翻咏圣神。
屈膝侍恭威武士，手合听导善平民。
疆场虽别归庭阁，朝野仍存秉义臣。
怅坐教儿歌颂乐，心思佑主福齐身。
魂灵咒蛊谁为逆，今朝祈者旧卫人。

他的金丝已经转为银发

【英】乔治·皮尔

他的金丝已经转为银发，
噢！时间稍纵即逝，噢！飞逝永不停止！
他的青春赢得时间，所以年老也宁死不屈，
但不屈也是徒劳；青春正处递减衰落的情势，
美貌、力量、青春就像花朵，可是凋落瞬间可见
责任、信念、爱则是根基，可以常绿康健

他的头盔现在可以为蜜蜂做成一个蜂巢，
还有，爱人的诗行可以换成颂赞的圣歌，
一个手持武器的人如今必须屈膝折腰，
服侍那些祈祷者，这些将为他年老的荣科
但是尽管他从沙场离开回到了家，
他的忠诚的心依旧是洁白无暇

而当他悲伤地坐在家中厅房，
他将教他的孩儿们这首欢乐颂的歌曲，
"以祝福的心希望我的君主万寿无疆，
任何贬低她思想的灵魂都将被咒辱"，
女皇啊，请允许这位年老的人行使他的职责，
当年您的骑士成为现在为您祈愿的香客。

——乔治·皮尔，"永别了武器"，圣歌女神，
1590年11月17日

【赏析】

乔治·皮尔似乎可以称为英国重要文学（文艺复兴）时期显著活跃的人物之一。他既是一个亲演者，也是剧作家和歌词型的诗人，尤其是"颂体诗"的代表者。这首诗第一次被作为部分登载于皮尔的「圣歌女神」，长久以来被认为是皮尔的作品，为于1590年举行的，伊莉莎白一辈子的卫士亨利·李六十岁卸任的庆祝仪式而作。近期有争议说此诗是李本人所作，而非皮尔的作品。此诗还有一个题目——《永

别了武器》，这题目被海明威用於他的小说创作上，于1920年代。

——编者哈门先生按语

这是一首表忠心的诗。

伊丽莎白一世，一个嫁给英国的女人，她又有另外一个名称——"童贞女王"（The Virgin Queen），因她终生未婚。她所掌权的时代，被称为"伊丽莎白时代"，亦称"黄金时代"，获此美誉，不单止是女王采用玲珑外交手段，甚至以婚姻为诱饵，让整个欧洲处于一个动态的稳定局面当中，更让英国得以四十四年的宝贵稳定，并形成了国家认同;尤其令人惊叹的是，在那样一个时代里，诞生了如浩瀚璀璨星空一样多的绝世天才，诸如剧作家威廉·莎士比亚、克里斯托弗·马洛和本·琼森;桂冠诗人爱德蒙·史宾赛将史诗《仙后》献给她;海上探险家弗朗西斯·德瑞克爵士在其任内成为第一个环航地球的英国人;弗兰西斯·培根爵士发表了他对哲学与政治的观点;沃尔特·罗利爵士和汉弗莱·吉尔伯特爵士在北美建立英国殖民地……除了这些名人之外，明君自然少不了贴身武将（保镖），而这位亨利·李就是这样的角色，能在伊丽莎白身边作为贴身卫士服务一辈子，光荣退休后，在含饴弄孙之际，还念念不忘为女王效忠，虽说"永别了武器"是他的一番感慨，却是依依不舍。海明威借用他的复杂心情，又创作了另外一部名篇，也不失为惺惺相惜之情。不论这首诗的作者是乔治·皮尔，还是亨利·李自己，已无关紧要。

《五百首经典英文诗》第38首

(十八)

Death, Be Not Proud

by John Donne

Death be not proud, though some have called thee
Mighty and dreadful, for, thou art not so,
For, those, whom thou think'st, thou dost overthrow,
Die not, poor death, nor yet canst thou kill me;
From rest and sleep, which but thy pictures be,
Much pleasure, then from thee, much more must flow,
And soonest our best men with thee do go,
Rest of their bones, and soul's delivery.
Thou art slave to fate, chance, kings, and desperate men,
And dost with poison, war, and sickness dwell,
And poppy, or charms can make us sleep as well,
And better than thy stroke; why swell'st thou then?
One short sleep past, we wake eternally,
And death shall be no more; Death, thou shalt die.

上书阎王莫骄赋
（七排律）

【英】约翰·多恩

今劝阎王且莫骄，人虽惧尔怖森萧。
亡人已逝灵犹在，吾命仍生簿未销。
低卧高眠如写照，长欢久乐更逍遥。
英才汝妒罗麾下，埋骨青山魂月招。
奴仆于时君运小，栖身与毒战瘟夭。
宁神罂咒俱同效，胜比无常黑白绡。
一觉春华旋即去，千思秋缕永长飘。
溘然瞑目时空寂，纵是冥神浑自消。

辛丑年清明完稿

死神，不要骄傲，虽然有人说你
强大而又恐怖，然而，你并不是这样，
因为那些这样认为你的人，你均无从令其丧，
我也未亡，可怜的死神，你也不能让我立死；
通过休息和睡眠，那都是你自有的本尊，
额外的荣幸；然后从你那，一定会多很多，
然后，很快的我们最好的人将随你沉沦，
埋葬下他们的骨骸，灵魂却被送上天河。
你是命运、机遇、君主和亡命徒的奴隶，

当然也和毒药、战争与疾病同流合污，
罂粟、咒符同样能使我们昏昏入睡，
比你的打击更有效，你又有何令人羡慕？
　一个小睡过去，我们便觉永久醒来，
　死亡将不会再有；而死神，你才该自裁。

【赏析】

　　约翰·多恩（又译邓约翰，1572年-1631年3月31日）是英国詹姆斯一世时期的玄学派诗人，他的作品包括十四行诗、爱情诗、宗教诗、拉丁译本、隽语、挽歌、歌词等。

　　这是一首宗教诗，在他写的宗教诗歌中，他探索自己的内心世界，表达他对宗教，乃至人生的看法。

　　这也是一首意大利体的十四行诗，向死亡挑战的一首诗。诗的起句便表达了对死神的嘲笑和蔑视。死亡是人生的终结，许多人对死亡表现出极度的恐惧，把死亡同黑暗的地狱联系在一起。然而，在多恩看来，死亡并没有什么可怕之处。他把死亡看作睡眠，看作是通向"永远觉醒"的必经之路。死亡只是从有限的生命通向永恒的过程。这种思想并非多恩特有，因为在《哈姆雷特》"生存还是死亡"这一著名的内心独白中，莎士比亚也曾根据西方人的宗教思想把死亡比作睡眠。但是，把死神作为无能而又自傲的形象进行如此淋漓尽致的讥讽，恐怕只有出现在多恩的作品中。

　　这首诗说理多于抒情。从诗的结构来看，第一、二行是论点，"死亡，不要骄傲，虽然有人说你/强大而又可怖，而你并不真的这样"，而第三行到第八行是论据，说明死亡没有什么可怕，死亡同睡眠没有多少不同，人最后的结局都是

"埋葬下他们的骨骸，灵魂却被送上天河"。第九、十行指出死神的无能，而第十一、二行说明死神并没有什么独特之处，没有什么可资骄傲的理由。这四行进一步提供论据，来支持诗人的论点。第十三、四行则是结论。虽然这首诗有很强的论说性，但表达了诗人对死神的蔑视和无畏之情。情与理的结合使诗本身具有有说服力，而比喻的运用使这篇说理的诗生动。整个诗作铿锵有力，富于阳刚之气。

《五百首经典英文诗》第 81 首

野花·繁星

(十九)

The Lover Complaineth the Unkindness
Of his Love

By Sir Thomas Waytt

My lute awake! perform the last
Labour that thou and I shall waste,
And end that I have now begun;
For when this song is sung and past,
My lute be still, for I have done.

As to be heard where ear is none,
As lead to grave in marble stone,
My song may pierce her heart as soon;
Should we then sigh or sing or moan?
No, no, my lute, for I have done.

The rocks do not so cruelly
Repulse the waves continually,
As she my suit and affection;
So that I am past remedy,
Whereby my lute and I have done.

Proud of the spoil that thou hast got
Of simple hearts thorough Love's shot,
By whom, unkind, thou hast them won,
Think not he hath his bow forgot,

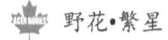

Although my lute and I have done.

Vengeance shall fall on thy disdain
That makest but game on earnest pain.
Think not alone under the sun
Unquit to cause thy lovers plain,
Although my lute and I have done.

Perchance thee lie wethered and old
The winter nights that are so cold,
Plaining in vain unto the moon;
Thy wishes then dare not be told;
Care then who list, for I have done.

And then may chance thee to repent
The time that thou hast lost and spent
To cause thy lovers sigh and swoon;
Then shalt thou know beauty but lent,
And wish and want as I have done.

Now cease, my lute; this is the last
Labour that thou and I shall waste,
And ended is that we begun.
Now is this song both sung and past:
My lute be still, for I have done.

绮察怨
——怨情终

【英】托马斯·怀亚特

　　欲奏徒劳终曲，琵琶强唤醒。痴念尽、似袅余音，人声寂、浪止涛停。单思痴言镂刻，芳心摄、却恨无耳听。空自唱、响彻流云，还嗟叹、独伫长短亭。

　　千雪石非绝情。前尘仅有，冷霜倩影孤灯。暗悔伤程。万般宠、百般争。全蒙酷心肠硬，只弃我、敌郎赢。卑恭未萼。仇愁暗蔑处，惟痛生。

　　日下休嫌落寞，怒消而怨升。谎殆失、冷月幽冬，愿悄逝、若爱丁零。将来会常暗悔，些叹息、已去斯美卿！罢抚琴，枉费精神，重新始、任挽歌缺盈。

《五百首经典英文诗》第25首

【赏析】

　　作者请参阅第十四首。
　　"我的鲁特琴，醒来！"是托马斯·怀亚特爵士的诗。有关一个求婚者被无情拒绝后的酸楚和苦涩。读这首诗，可以感受到一种典雅的爱的黑暗面。诗开始于作者唤醒他鲁特琴，让它陪他一起演奏恋情即将结束前的最后一曲，芳心未俘的失意和落寞。
　　他不断的陈述他的所爱是如何粗鲁地回绝他，作者重复声名他已经放弃，而且他与他的鲁特琴一起，与这位心上人一切都结束了。

在第四段，这种心碎转变成对心上人的埋怨，直接对他的所爱发难，而越过了鲁特琴。他抱怨那位不知名的妇人，是如此骄傲的被"溺宠"，也就是对珠宝和钱财的贪婪。

他继续警告她，美貌和青春均会失去的那一天的到来，到那孤独的日子时，她也许会会希望自己接受他的爱。最后，他以诗开始时的句子结束，说他和他的鲁特琴都宣布，结束了。作者巧妙地利用鲁特琴这一物体，来倾述他的感情和不满，诗，贵在出新，作者借助一个媒介，来转述他的感受，使得整首诗就活了起来。

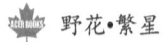

(二十)

That Time of Year Thou Mayst in Me Behold

By William Shakespeare

That time of year thou mayst in me behold
When yellow leaves, or none, or few, do hang
Upon those boughs which shake against the cold,
Bare ruin'd choirs, where late the sweet birds sang.
In me thou see'st the twilight of such day
As after sunset fadeth in the west,
Which by and by black night doth take away,
Death's second self, that seals up all in rest.
In me thou see'st the glowing of such fire
That on the ashes of his youth doth lie,
As the death-bed whereon it must expire
Consumed with that which it was nourish'd by.
  This thou perceiv'st, which makes thy love more strong,
  To love that well which thou must leave ere long.

《水调歌头》
——惟又此时节

【英】威廉•莎士比亚

　　惟又此时节,在我即深秋。尽吹残挂黄叶,空剩颤梢头。独倚枝旁觉冷。更怕荒墙破景。云雀去声悠。极目夕阳远,刚别坠西楼。

　　渐移转,夜封闭,万冥游。火灰已灭,余烬春毕恍如幽。亡榻情生情死。炽焰欢升欢止。长恨古难休。看透应强忍,欣对往斯愁。

2021.07.02

一年的这个时节,你也许又见我添了忧愁,
当黄叶,或没了,或还零落地挂在枝上颤抖,
看着那些枯枝在寒风中瑟瑟晃悠,
空旷荒废的歌坛,鸟儿们甜美歌唱,在向晚时候,
在这样的日子里,你也许看见了我的暮色,
当落日在西方悄然褪尽了最后一丝光芒,
抽丝剥茧地,黑夜令一切都终将消失,
死亡的第二个替身,烙上印锁上,令一切均消亡。
在我身上你也许窥视到不断冒升的烈火,
那在他青春的灰烬里,终于缓缓躺下,
因在死亡的床榻上它终究熄灭破败,

亦即被那曾经滋润过它的所磨灭消化。
你所看到的这一切，会使你的爱更强大，
好好爱吧，因它转瞬辞去不会长久存在。

【赏析】

威廉·莎士比亚(William Shakespeare,1564-1616)，欧洲文艺复兴时期英国伟大的戏剧家、诗人。从诗歌艺术水平来看，他的十四行诗成就最高，总共有154首。其中的第七十三首既是一曲生命的挽歌，也是一曲爱的颂歌。原诗中最为脍炙人口的一句"Bare ruined choirs, where late the sweet birds sang"——荒废的歌坛，那里百鸟曾合唱。

这首十四行诗是他作品中被编选次数最多的一首。该诗充分展示了莎氏十四行诗的特点，诸如五部抑扬格，完美的十四行诗的韵律；通过生动形象的比喻，诗在画面的跳跃与更替中展示了他对于生命的热爱和赞美、对人生全貌明镜般的揭示、以及对于人世间一切悲喜的概括。作品虽然创作时间很是久远，但其现实意义之强，仍使得作品可以横跨时空，恒久流传。莎翁也因此被研究莎学的专家、学者誉为"跨越时空的作家"。

"惟又此时节，在我即深秋。尽吹残挂黄叶，空剩颤梢头。"诗的开头就注明了时间——又是这么一个时节。什么时节呢？当然是令人伤春悲花的深秋，繁华时的春与花到此时都已经逝去了，枝头上最后的几张黄叶也被吹落殆尽，惟剩下空落落的枝干梢头，这样的时节，给诗人留下的只有惆怅和追忆。

"独倚枝旁觉冷。更怕荒墙破景。云雀去声悠。极目夕阳远,刚别坠西楼。"诗人百感交集地倚在一棵枝干旁,无论身体还是心灵都感觉到寒意阵阵,冷虽然令他不舒服,但更令他难受的是看着眼前的残垣断壁,因为那曾是怎样的金碧辉煌,百鸟齐唱的歌坛,怎样一片欢乐的场景啊!如今一切都已悠悠远去,正像诗人极目看去的,刚要坠入西边的残阳!

"渐移转,夜封闭,万冥游。火灰已灭,余烬春毕恍如幽。"诗人继续停伫在那里,继续关注、描绘眼前的景象:随着黄昏渐渐将白昼和暮色移转,夜最终将世界包裹封闭,此处"Death's second self"值得注意,死亡的第二个自己,诗人此时觉得夜就是死神的代表,"万冥游",黑漆漆的夜中,就彷如到处都有冥灵在出游。曾经如烈火一样的岁月经已熄灭,甚至灰也变冷了,春似灰烬恍若幽梦一场。

"亡榻情生情死。炽焰欢升欢止。长恨古难休。看透应强忍,欣对往斯愁。"这里的亡榻寓意是爱、青春、生命等一切的事物,既有生也就有死,总有结束的时候;也像烈焰一般,欢乐熊熊燃烧而起,也终将熊熊燃烧销毁,这种恨自古就有,无休无止。可是,诗到这里,前面部分是如此荒凉、死寂、绝望,但当诗人看透了一切之后,最后反而来了一个转折,那就是能忍受所有痛苦,"爱反而加强"了,感到了安慰,看到了曙光!是的,爱是荒凉中的暖意,是死寂中的召唤,是人类抗拒绝望的力量。

诗人从一个特定的时间、地点、场景来表达一种对从前缅怀的情绪,从悲伤、失落到绝望,又在最后感悟到爱与快乐的本质,一个"欣"字表明诗人最终释然、超然的态度,升华到人生角度应怎样来对待幻灭感的一种哲理的高度。

《水调歌头》,九十五字,平韵,上下片两六言句夹押仄韵。据《隋唐嘉话》，此牌为隋炀帝开凿汴河时所作，宋词是"中吕调"，而唐乐为"南吕商"，又有多遍，似是大曲，声韵悲切。《词谱》云："《水调》，乃唐人大曲，凡大曲必有歌头，此必裁截其歌头，另倚新声也。"，名篇如苏轼之"明月几时有，把酒问青天。"，世人皆耳熟能详，不必附录。

《五百首经典英文诗》第 44 首

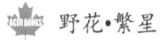

(二十一)

Let Me Not to the Marriage of True Minds

By William Shakespeare

Let me not to the marriage of true minds
Admit impediments. Love is not love
Which alters when it alteration finds,
Or bends with the remover to remove
O, no! it is an ever-fixed mark,
That looks on tempests and is never shaken;
It is the star to every wand'ring bark,
Whose worth's unknown, although his height be taken.
Love's not Time's fool, though rosy lips and cheeks
Within his bending sickle's compass come;
Love alters not with his brief hours and weeks,
But bears it out even to the edge of doom
If this be error and upon me proved,
I never writ, nor no man ever loved.

情久长

【英】威廉·莎士比亚

　　容吾不认，心心缔结仍承阻。爱绝不、舵移轮转，霜散蒸露。视情常比作，亮北极、恒久存于浩宇。任涛浪、声声猛啸，万叶扁舟，星一颗，为凭据。

　　情价难量，可测天高处。纵粉颊、并红唇艳，怎敌刀斧！然非役仆，若长久，何在朝朝暮暮。经磨练、绵行至厄，此谬灵神，人未爱、余无赋。

　　　　请允许我不承认，两颗真爱欲结合的心
　　　　会经受困阻。那样的爱不算爱
　　　　如若一看见人家转舵便欲作他寻，
　　　　或者一看见人家转变便欲作更改。
　　　　哦，绝不！爱是亘古不变的灯塔，
　　　　它定睛望着风暴，却从不为之动摇；
　　　　它是颗恒星，指引每一艘迷舟驶出海岬，
　　　　它的高度可以测量，价值却无法明标。
　　　　爱不受时光愚弄，尽管红唇与粉颊，
　　　　难免会遭受岁月镰刀的摧残；
　　　　爱不会随着时时刻刻改变而诀别，
　　　　只会巍然矗立到末日来临的边沿。
　　　　　　如我这话说错，并被证明不妥，
　　　　　　那我从未写，也从未有人爱过。

【赏析】

　　莎士比亚十四行诗中的第 116 首是一首歌颂爱情的诗歌，其语言工整富于音律之美；内涵深厚满怀人文主义的激情；结构工整，构思奇妙，值得反复品读吟咏。

从诗中的描写可以窥见诗人灵魂深处对爱情的认识，其爱情观无疑是被彻底曝光了一次，透过这些闪烁虚实不定的诗行，我们可以感受到，诗人同世人一样，对爱充满了激情和苦恼：一方面表现为对爱情"真善美"的追求，另一方面又对爱情中的背叛，被时间的摧残，短暂爱情与永恒的存在矛盾的迷惑，第116正是一首被世人称道的爱情哲理诗，通过此诗，莎士比亚论述了爱的最高境界是真。

"容吾不认，心心缔结仍承阻。爱绝不、舵移轮转，霜散蒸露。"诗一开头，就明确表明了诗人的观点，请允许我不赞同，两颗心的因爱而结合，但仍然承认会有受险阻的危险。前四行以"转舵"、"离开"两个具象，表现了朝三暮四、见异思迁的感情，"算不得真爱"，作者对这种行为表示了鄙夷与唾弃。

"视情常比作，亮北极、恒久存于浩宇。任涛浪、声声猛啸，万叶扁舟，星一颗，为凭据。"诗人运用两个比喻：爱是"亘古长明的塔灯"和"指引迷舟的一颗恒星"表现爱情的坚定性、永恒性两个潜沉意象。塔灯面临凶猛风暴却兀然挺立，恒星可测多高却价值无穷，歌颂真挚深沉的爱情的忠贞坚定、稳健永恒。

"情海难量，可测天高处。纵粉颊、并红唇艳，怎敌刀斧！"用"红颜""皓齿"象征青春。时光飞驰，青春易逝。

"然非役仆，若长久，何在朝朝暮暮。经磨练、绵行至厄，此谬灵神，人未爱、余无赋。"然而爱并非时间的奴仆，真诚的爱却"巍然矗立直到末日的尽头"，这里的扩张意象引发人们无穷的思索，表现真诚的爱美好高尚、理性和善。在层层递进中，诗人在末尾两句，用了两个否定之否定，加强效果，把歌颂爱情的顽强执着、百折不回推向了极致。

本诗在思想上表现了生活中的辩证法：无论是友情还是爱情，在复杂环境和更迭的人事中，受客观与主观因素干扰而升降浮沉的感情，算不得真爱。真挚纯真的感情就应该顶得住生活中"风暴"的袭击，就应该克服、战胜客观的和主观的重重困难和阻碍，同甘共苦，坚韧执着，表现出无穷的耐心和非凡的刚毅。这是一种主体精神的自由振奋，又是一种个人价值的自我实现。莎士比亚站在人性和情感的高度，既表现出热烈感情的大胆倾泻，又凝聚了高度的道义和责任，给人以睿智的启迪。

在艺术表现上，本诗激情澎湃，用"亘古长明的塔灯"和"指引迷舟的恒星"比喻爱情的坚定性、永恒性，将抽象的空灵的感情生动而具体化，表现世事恶劣、环境复杂、时光流逝，而真挚的爱情如灯塔给人希望给人指引、象星辰给人信心给人力量！诗的语言朴素简明，意象壮阔优美，格调高尚昂扬。尤其是诗人运用了矛盾修辞法，用两个否定之否定："就算我没写诗，也没人真爱过"，来加强自己观点的肯定性质，启迪人们用真诚、善良、理性、爱和美去拥抱生活、创造世界！

《五百首经典英文诗》第 46 首

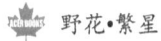

附 录

Lycidas

By John Milton

Yet once more, O ye laurels, and once more,
Ye myrtles brown, with ivy never sere,
I come to pluck your berries harsh and crude,
And with forced fingers rude
Shatter your leaves before the mellowing year.
Bitter constraint, and sad occasion dear,
Compels me to disturb your season due;
For Lycidas is dead, dead ere his prime,
Young Lycidas, and hath not left his peer.
Who would not sing for Lycidas? He knew
Himself to sing, and build the lofty rhyme.
He must not float upon his wat'ry bier
Unwept, and welter to the parching wind,
Without the meed of some melodious tear.
  Begin then, Sisters of the sacred well,
That from beneath the seat of Jove doth string,
Begin, and somewhat loudly sweep the string.
Hence with denial vain, and coy excuse,
So may some gentle Muse
With lucky words favor my destined urn,
And as he passes turn
And bid fair peace be to my sable shroud.
For we were nurs'd upon the self-same hill,

Fed the same flock, by fountain, shade, and rill.

Together both, ere the high lawns appeared
Under the glimmering eyelids of the morn,
We drove afield, and both together heard
What time the gray-fly winds her sultry horn,
Battening our flocks with the fresh dews of night,
Oft till the ev'n-star bright
Toward heav'n's descent had slop'd his burnish'd wheel.
Meanwhile the rural ditties were not mute,
Tempere'd to the'oaten flute:
Rough Satyrs danc'd, and Fauns with cloven heel
From the glad sound would not be absent long;
And old Dametas loved to hear our song.

    But O the heavy change now thou art gone,
Now thou art gone and never must return!
Thee, Shepherd, thee the woods, and desert caves,
With wild thyme and the gadding vine o'ergrown,
And all their echoes mourn.
The willows, and the hazel copses green,
Shall now no more be seen
Fanning their joyous leaves to thy soft lays.
As killing as the canker to the rose,
Or taint-worm to the weanling herds that graze,
Or frost to flow'rs, that their gay wardrobe wear,
When first the white-thorn blows;
Such, Lycidas, thy loss to shepherd's ear.

Where were ye, Nymphs, when the remorseless deep
Closed o'er the head of your loved Lycidas?

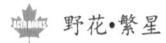野花·繁星

For neither were ye playing on the steep
Where your old bards, the famous Druids lie,
Nor on the shaggy top of Mona high,
Nor yet where Deva spreads her wizard stream.
Ay me, I fondly dream -
Had ye been there - for what could that have done?
What could the Muse herself that Orpheus bore,
The Muse herself for her enchanting son,
Whom universal nature did lament,
When, by the rout that made the hideous roar,
His gory visage down the stream was sent,
Down the swift Hebrus to the Lesbian shore.
    Alas! What boots it with uncessant care
To tend the homely slighted shepherd's trade,
And strictly meditate the thankless Muse?
Were it not better done as others use,
To sport with Amaryllis in the shade,
Hid in the tangles of Neaera's hair?
Fame is the spur that the clear spirit doth raise
(That last infirmity of noble mind)
To scorn delights, and live laborious days;
But the fair guerdon when we hope to find,
And think to burst out into sudden blaze,
Comes the blind Fury with th' abhorred shears,
And slits the thin-spun life. "But not the praise,"
Phoebus replied, and touched my trembling ears:
"Fame is no plant that grows on mortal soil,
Nor in the glistering foil
Set off to the world, nor in broad rumour lies,
But lives and spreads aloft by those pure eyes

 野花·繁星

And perfect witness of all-judging Jove;
As he pronounces lastly on each deed,
Of so much fame in Heav'n expect thy meed."
　　O fountain Arethuse, and thou honored flood,
Smooth-sliding Mincius, crowned with vocal reeds,
That strain I heard was of a higher mood;
But now my oat proceeds,
And listens to the herald of the sea
That came in Neptune's plea.
He asked the waves, and asked the felon winds,
What hard mishap hath doomed this gentle swain?
And questioned every gust of rugged wings
That blows from off each beaked promontory:
They knew not of his story,
And sage Hippotades their answer brings,
That not a blast was from his dungeon strayed;
The air was calm, and on the level brine
Sleek Panope with all her sisters played.
It was that fatal and perfidious bark,
Built in th' eclipse, and rigged with curses dark,
That sunk so low that sacred head of thine.

利西达斯（上半部）
（五排律）

【英】约翰·弥尔顿

才闻月桂香，又遇褐桃娘。
君乃常青子，吾为采撷郎。
果青生且涩，指鲁力还强。
揉碎熟前叶，抚平愁苦伤。
驱余斯乱奏，慨尔促英亡。
早逝胡非远，同侪仍在旁。
为卿谁弗唱？替己赋华章。
修筑崇高韵，不浮棺水箱。
热风悲卷去，残泪恸天殇。
姊妹灵泉始，朱神宝座洸。
拨弹弦几响，羞辩口三僵。
若缪斯仁厚，贻言藻命方。
诚如君遂逝，赐我寿衣裳。
齐牧邻山涧，同游友岭冈。
草坪才显现，晨雾眼帘张。
驰骋于原野，偶乘风号扬。
饮牲凭晚露，滋思以星光。
乡野清平调，村间燕麦玱。
炽轮燃地界，坡落赴天堂。
狠萨梯轻舞，温方瓮偶跄。
欢音非放久，达老喜歌长。

转而旋天变，现今尔已丧。
既随风远隐，岂有日回航！
化牧人林穴，生藤百里香。
调声哀激荡，榛柳碧彷徨。
往日难重现，娱时勉叶镶。
玫瑰于尺蠖，牲畜附微蛈。
寒蚀花衣艳，白凝荆棘霜。
宁芙安在也？利首没沧浪。
未戏悬崖壁，未流巫水滂。
行吟名德处，安卧直松岗。
突觉余生梦，何为伊在场？
俄儿悲惨运，俄母裂肝肠。[a]
枉自然哀叹，雷斯惨被戕。[b]
白颅流顺下，赫水至莱泱。[c]
忧虑无穷尽，深冥亦渺茫。
何如随世俗，嬉戏且心盲。
阿玛梳荫翳，艾拉缠发缰。
声名凭智顶，劣迹靠高猖。
终日勤劳作，却非希实偿。

---

[a] 俄耳甫斯：古希腊神话传说，色雷斯著名的诗人与歌手，他的父亲便是光明、畜牧、音乐之神阿波罗，母亲是司管文艺的缪斯女神卡利俄帕。这样的身世使他生来便具有非凡的艺术才能。俄耳甫斯凭着他的音乐天赋，在英雄的队伍里建立了卓越的功绩。

[b] 雷斯：指色雷斯，古希腊地名，今希腊北部（西色雷斯）、保加利亚南部（北色雷斯）和土耳其的欧洲部分（东色雷斯）。

[c] 雷斯：指色雷斯，古希腊地名，今希腊北部（西色雷斯）、保加利亚南部（北色雷斯）和土耳其的欧洲部分（东色雷斯）。

原曾期焰火，未料憎刀锽。ᵃ
瞎眼仙姝手，剪撕轻织绷。
并非求赞美，菲语耳盈梁。
"俗土名难育，湛卢光钝鉦。
人间蜚语满，天上目炎芒。
朱庇巡游下，终裁万迹彰。"
阿泉明水洁，芦瑟冠荣煌。
曲广吾闻壮，笛幽余奏怆。
更听来使者，受派海神王。
责问千层浪，质询邪恶飐。
"缘何施厄运，徒降此温良？"
鸟喙嶙峋岬，鹏形犷涌汪。
未知君故事，替答智凤皇。
牢底无囚逸，海平风自徬。
潘姝肤洁净，嬉戏众施嫱。
弃信三桅咒，食魔吞月芒。
渊沉高贵首，遂尔此荒唐！

【赏析】

《利西达斯》（Lycidas），也译为黎西达斯，是约翰·弥尔顿的一首诗（1637 年），也是他前期诗歌创作的压卷之作。这是一首田园诗模式的挽歌，为纪念一年前，在爱尔兰

ᵃ 莱：莱斯博斯岛；后来这里便成为抒情诗歌的故乡。俄耳甫斯母亲费尽周折将儿子的尸体收集起来埋藏在奥林帕斯山麓，所以，那里的夜莺比任何地方的鸟都唱得好听。阿波罗也十分怀念他的儿子，便去请求天上最大的神宙斯，宙斯可怜俄耳甫斯死得悲惨，便把他父亲阿波罗送给他的七弦琴高高挂在空中，点缀苍莽的天穹，这便是天琴座的来历。

海的一次海难中不幸去世的爱德华·金（Edward King），他是弥尔顿在剑桥时的同学。同时，弥尔顿这首诗还抨击了腐败的僧侣阶层。全诗既有清教主义的严肃，又有人文主义的文雅，既倾注了个人的情感和志趣，又针砭了教会的腐朽和堕落，因此在英国挽歌史上地位极高，与雪莱的《阿多尼斯》、丁尼生的《悼念集》和阿诺德的《色希斯》并称为英国"四大悼亡诗"。

诗的题目源自维吉尔的《田园诗》，利西达斯——意为最优秀的吹笛手，是古希腊罗马神话中牧羊美少年的名字，也是古典牧歌中经常出现的牧羊人形象，弥尔顿借此哀悼他的好友。按照西方牧歌传统，牧羊人就是诗人；而在基督教教义中，牧羊人代表牧师。这两种含义都符合弥尔顿和金的身份。事实上，弥尔顿正是运用了牧羊人的双重含义，分别描述了"牧羊人兼诗人"、"牧羊人兼牧师"的利西达斯所面临的问题和解决的途径，并构想了"牧师兼诗人"的利西达斯的最终命运。

全诗由 11 个诗节组成。第一诗节为序曲，诗人以"牧羊人兼诗人"的身份出现在充满田园气息的环境里，向三种常绿植物倾诉了利西达斯不幸淹死的噩耗以及要为亡友吟唱的愿望。诗开头出现的三种常绿植物均有象征意义：月桂树与太阳神阿波罗、诗神缪斯相关，代表着诗人的荣耀；桃金娘与爱神阿佛洛狄忒相关，代表着不朽的挚爱；常春藤与酒神狄奥尼索斯相关，代表着永恒的生命。随后出现的青涩的"果子"和嫩黄的"叶子"，意味着诗艺不够精湛。弥尔顿借此表明，虽然他原本计划闭门研读文学作品，等到积累充足后再创作诗歌，但是同窗好友之死迫使他提前攀折桂枝，用不成熟的诗篇告慰亡友。

第二诗节中，诗人向缪斯女神（即从奥林匹斯山脚的圣泉中出生的九位文艺女神）发出呼吁，请求她们为亡友吟唱。与此同时，诗人还联想到同为"牧羊人"的自己的归宿。他希望将来也会有人为他撰写诗篇，平静的语调之下是对诗歌荣誉的期盼。

接下来的几个诗节，诗人回忆了他和利西达斯昔日共同度过的美好时光。表面上我们看到的是怡然自得的牧羊人生活，实则暗喻弥尔顿和金的校园生活。他们作为剑桥大学基督学院的优秀学生，从早到晚勤学不倦，并且利用课余时间培养自己多方面的才能。但是，志同道合的利瑟达斯已经一去不复返了，往昔的欢乐与今日的孤单形成了鲜明的对比。

第六诗节后，诗人提出了"牧羊人兼诗人"的利西达斯所面临的问题：他忠诚地献身于诗歌，却得不到缪斯的青睐，这样做是否值得？他认为，为了追求诗歌的荣誉，这显然是值得的；但在追求荣誉的过程中突然夭亡，那便前功尽弃、非常不值得了。命运弄人，倒不如仿效同时代的骑士派诗人，写些容易下手又颇受欢迎的爱情艳诗。弥尔顿在这里使用了"我们"一词，显然是将利西达斯的厄运与自己的生活相联系，而"瞎眼的复仇女神"的形象更是强化了命运的乖戾无常。丧友的悲痛，情绪的惶恐，在短短几行诗里充分流露出来。然而，太阳神阿波罗却告诉他，荣誉并不局限于尘世之间，只有明察秋毫的天神朱庇特才能判断一个人是否可以获得最终的荣誉——"天上的荣誉"。太阳神的插话似乎表明：像利西达斯这样勤勉却早夭的诗人，会在天堂得到公平的酬答。弥尔顿将先前萦绕在心头的惶恐和犹豫一扫而空，坚定了献身于诗歌的理想。

"虽然《利西达斯》表面上是一首悼念亡友的挽诗,但它的深层意义却跟弥尔顿的诗学思想密切相关。诗人之所以采用田园诗的形式,是因为在文艺复兴时期的田园诗里有一整套的特殊意象和话语系统可以被他用来探索其诗学理论和理想。所以弥尔顿一语双关,通过这首诗既寄托他对于剑桥同窗夭折的哀思,又可以借助诗中利西达斯和俄耳甫斯这两个人物形象来传达他的诗学理念。"

这是浙江大学外国语学院的沈弘教授在他的《解读《利西达斯》中弥尔顿的诗学理想》一文中提出的观点,为充分了解此诗的背景和价值,建议读者阅读该篇论文。

笔者将此诗用古诗五律来翻译,唐诗亦有田园诗派,陶渊明,孟浩然,王维等都是代表人物,大多以五律诗最为著名。虽然东方的田园诗与西方的田园诗有所区别,但本质上基本是一致的,都是田园牧歌式的,语言平淡自然的,朴实又不缺乏色彩的,既清新又纯美的诗歌体。

《五百首经典英文诗》第133首

www.ingramcontent.com/pod-product-compliance
Lightning Source LLC
Chambersburg PA
CBHW031121080526
44587CB00011B/1062